IGOR JOSIFOVIC
JUDITH DE GRAAFF

URBAN JUNGLE

INSPIRATIE VOOR EEN HUIS VOL GROEN

MET FOTO'S VAN LINA SKUKAUSKĖ
EN ILLUSTRATIES VAN SAAR MANCHE

FONTAINE UITGEVERS

VAN DE OPRICHTERS VAN URBAN JUNGLE BLOGGERS

URBAN JUNGLE BLOGGERS

VOORWOORD

MAKKIE MULDER

Als groenliefhebbers op de redactie van Home&Garden raakten wij al snel in de ban van dit groene boek van Judith de Graaff en Igor Josifovic van Urban Jungle Bloggers. De mensen van Fontaine Uitgevers deelden ons gevoel, met als resultaat deze Nederlandse uitgave van Urban Jungle.

Planten uitzoeken op zich is al leuk. Overal zie je nieuwe groenwinkels ontstaan en raken 'vergeten' planten opnieuw in de mode. Ga je voor één familie of wil je graag mixen en matchen met kleuren, vormen en patronen? Van sommige planten lijken de bladeren stuk voor stuk met de hand beschilderd te zijn. Als je het ziet, kun je niet ophouden met kijken.

En daarna de lol van het combineren met de inrichting van je huis. Van kleine verzamelingen op een boekenplank tot grote gebaren op de grond bij elkaar. Een heerlijke hobby waarin veel schoonheid valt te ontdekken en waar je gewoon midden in kunt wonen.

Het leuke van dit boek is dat je lekker kunt binnenkijken bij plantenliefhebbers thuis. Niet te perfect, maar gewoon zoals je het zelf ook kunt doen. Judith beschrijft het fijn: planten zijn mooi, ze brengen leven in huis en leren je om geduldig te zijn. Ze voelt zich trots als ze het goed doen.

Dit boek geeft antwoord op veel vragen: waar zet je ze in, hoe zet je ze neer en hoe laat je ze groeien? Welke passen naadloos bij jouw interieur? Op welke planten ben je meteen verliefd en op welke juist niet? Maar vooral inspireert het hoe planten je huis verrijken, waar je elke dag van kunt genieten.
Enjoy!

Redactie *Home&Garden*

WOORD VOORAF 7

THUIS BIJ

MARIJ & EVERT 8

DIY
DIY Hangpotten
22

PLANTPORTRETTEN

Cactussen 24
Vetplanten 28
Aloë vera 34

DIY
Vetplanten kweken
32

STYLINGTIPS 36

THUIS BIJ

JESKA & DEAN 46

PLANTPORTRETTEN

Monstera deliciosa 60
Oxalis triangularis 64

DIY
Terrarium
57

STYLINGTIPS 68

THUIS BIJ

DIY
Plantenstandaard
86

PEPPER, MICHAEL & NAHELE 72

PLANTPORTRETTEN

Ficus elastica 88
Calathea 92

STYLINGTIPS 96

THUIS BIJ

MORGANE & ARMAND 102

DIY
Botanische lijst
118

PLANTPORTRETTEN

Tradescantia 120
Pilea peperomioides 124

STYLINGTIPS 128

THUIS BIJ

FEM, SAN & SEZER 134

DIY
Kokedama
150

PLANTPORTRETTEN

Palmen 152
Sansevieria 156

STYLINGTIPS 160

PLANTEN THUIS
JE EIGEN URBAN JUNGLE 166

URBAN JUNGLE BLOGGERS IN DIT BOEK 170

SHOPS VOOR
PLANTENLIEFHEBBERS 172

DANKWOORD 174
COLOFON 176

LAAT JE INSPIREREN EN INFORMEREN EN GA AAN DE SLAG: DIT BOEK IS MÉÉR DAN EEN KOFFIETAFELBOEK. HET IS DE BESTE EN PRETTIGSTE MANIER VAN LEVEN EN WONEN. LANG LEVE PLANTEN!

IGOR & JUDITH

WOORD VOORAF

URBAN JUNGLE – WONEN EN STYLEN MET PLANTEN

Het begon allemaal in 2013 met een gesprekje tussen twee vrienden in een Parijs café. Bij een kop koffie spraken we over interieurstyling, onze liefde voor *home makeovers* en over planten. Precies die dag ontdekten we onze gezamenlijke passie: planten.

We kwamen al snel op het idee om in onze blogs elke maand en een groen topic te kiezen en dit te koppelen aan stylen met planten. Na de eerste maand vroegen andere bloggers of ze zich bij ons aan mochten sluiten. De maanden erna kwamen er steeds meer enthousiastelingen bij, en op het moment dat we dit boek schrijven, drie jaar later, bestaat de Urban Jungle Bloggers-community uit meer dan 1200 plantenliefhebbers en bloggers over de hele wereld – van Europa tot de VS en van Brazilië tot Nieuw-Zeeland.

Dit boek is als een langverwachte cactusbloem. Drie jaar lang hebben we met onze community groene woonideeën gecreëerd. We hebben een blik mogen werpen op honderden *urban jungles* over de hele wereld, en talloze stylingideeën en verzorgingstips uitgewisseld. Het moment was daar om al die groene creativiteit in één boek te stoppen. Het resultaat heb je nu in je handen.

We nemen je mee op een inspirerende reis door Europa langs vijf groene huizen. We kijken naar de kamerplanten die deze creatievelingen hebben en we kletsen met ze over planten, verzorging en groene stylingideeën. En je kunt op ons rekenen: wij zullen ze alle geheimpjes en handige tips ontfutselen! We hebben bovendien een geweldige groep leden van onze Urban Jungle Bloggers-community uitgenodigd hun groene stylingideeën, DIY-projecten en groene blikvangers te laten zien. Maar dit boek is meer dan een koffietafelboek dat je doorbladert ter inspiratie: je vindt hier bijvoorbeeld ook tien plantportretten met verzorgingstips. Het is geen botanische encyclopedie, maar een boek voor iedereen die meer groen in huis wil, of je nu beginner of expert bent op het gebied van planten. Wij geloven niet zo in 'groene vingers': wij denken dat iedereen planten kan verzorgen. Je hebt wel de juiste informatie nodig, en dit boek is een stap in de goede richting.

Dus: laat je inspireren en informeren en ga aan de slag. Dit boek is je ticket naar een weelderige groene jungle, waar je tot nu toe alleen maar van kon dromen. Lang leve de planten!

IGOR & JUDITH
urbanjunglebloggers.com

THUIS BIJ

MARIJ & EVERT

Alphen aan den Rijn / Nederland

OASE VLAK BIJ AMSTERDAM

Midden in het Groene Hart van Nederland, nabij tulpenvelden, kassen en windmolens, wonen Marij en Evert met hun twee katten en vijftig planten. De omgeving van Alphen aan den Rijn is misschien heel doorsnee Nederlands, maar het huis van dit creatieve, moderne stel is dat beslist niet.

Samen met hun twee katten, Def en Mos (niet op de foto), wonen Marij en Evert in een gezellig, kleurrijk huis in het Groene Hart van Nederland.

Marij runt haar eigen webshop voor vintage en 'geüpcyclede' meubels en keramiek en werkt daarnaast als fashionstylist, fotograaf en blogger. Evert is *visual merchandiser* voor een modemerk. Het stijlgevoel van dit tweetal is voelbaar in elke ruimte: geen enkel hoekje in hun huis is saai of rommelig. Elke keer dat Marij vindt dat een kamer iets nodig heeft, reikt ze naar de verfkwast en schroomt ze niet om een grafisch patroon op de muur te schilderen, in mint- of palmgroen bijvoorbeeld. Haar laatste verfproject is de poederroze muur in de garderobekamer, die de camelkleurige accessoires en het diepe groen van *Alocasia* en *Euphorbia triangularis* prachtig aanvult.

BIJ KRINGLOOPWINKELS VIND IK ALTIJD MOOIE PLANTENPOTTEN. DIE COMBINEER IK MET NIEUWE, MODERNE POTTEN VAN HET TUINCENTRUM.

ZIE BLZ. 92

< *Marij schilderde deze vintage kast in zachtroze, een kleur die perfect past bij de planten.*
∧ *Het lijnenspel in dit kunstwerk komt terug in het roze lijnenpatroon op de bladeren van Maranta leuconeura erythroneura.*

Een hangende Rhipsalis, een varen, vetplanten en een cactus hebben gezelschap gekregen van een paar vintage vriendjes uit de Afrikaanse jungle.

HET IS NIET HET EINDE VAN DE WERELD ALS ER EENS EEN PLANT DOODGAAT. HET IS WEL EEN GOED EXCUUS OM EEN NIEUWE TE KOPEN...

< De badkamer is veranderd in een weelderige spa met varens en twee aloë vera's.

L Op zolder huisvest Marij haar collectie vintage meubels, keramiek en serviesgoed, die ze verkoopt via haar webshop My Attic en op markten en festivals.

V Moderne keramiek en vintage plantenpotten staan gebroederlijk naast elkaar.

Op de tweede verdieping van hun huis heeft Marij een zolder vol schatten: haar *attic*. Met haar passie voor vintage design en haar oog voor stijl weet ze de beste vintage keramiek en meubels te vinden op vlooienmarkten en in kringloopwinkels in Nederland, Duitsland, België en Frankrijk. Ze stoffeert de meubelstukken zelf met moderne stoffen (van Febrik) of schildert ze in zachtroze, oker of mint. Om haar cliënten en bloglezers te laten zien dat vintage design een geweldig stijlitem is voor een modern huis, combineert ze haar vondsten met moderne objecten uit designwinkels en van onafhankelijke designers.

Marij kan geen kwekerij of tuincentrum bezoeken zonder met een nieuw groen vriendje thuis te komen. En hoewel er al zo'n vijftig planten in huis staan, ziet het er niet uit als een wildernis. Ze weet in elk vertrek wel een plekje voor de planten te vinden, zelfs in de badkamer. De nestvaren (*Asplenium nidus*) vindt de hoge luchtvochtigheid en de minimale hoeveelheid zonlicht daar juist wel pret-

WIST JE DAT

de meeste Rhipsalis-cactussen hangen, maar dat sommige omhoog of spreidend groeien? Ze geven je cactuscollectie een heel nieuwe dimensie.

↱ Deze Phlebodium pseudoaureum, *ook wel 'blauwvaren' genoemd, is een makkelijke kamerplant. Hij verlangt licht (geen volle zon) en goede drainage en houdt van een sproeibeurt met de plantenspuit, vooral bij een lage luchtvochtigheid.*

∧ *Vintage meubels gecombineerd met een grote, moderne lamp, modern servies en een mok met een cactus erop van de kringloop.*

GOED IDEE

Je eigen plantenhanger maken is heel simpel. Kies een paar mooie touwtjes of linten, van stof of natuurlijke vezels, om je hanger te knopen (zie instructies op blz. 22). Maak een plantenhanger persoonlijker door hem te verfraaien met schelpen die je zelf hebt gevonden. Voordat je de touwtjes aan elkaar knoopt kun je schelpen eraan rijgen; zet daarna de grotere met lijm op de knopen vast.

tig! En om te voorkomen dat het huis te vol met planten komt te staan, voegt Marij kleinere botanische accentjes toe aan de muren en wandplanken, zoals een vintage cactusfoto, terrariumtekeningen of gouden kunstcactussen. Overal is botanische inspiratie te vinden.

Een van Marijs tips is om planten aan het plafond te hangen in eenvoudig zelf te maken hangers: dit geeft een mooie dynamiek aan de ruimte. Met wat touw en schelpen of kralen kun je je eigen plantenhanger knopen (zie de DIY-tutorial op blz. 22). Voor de hal gebruikte ze touw, hout en verf om een zeshoekige hangplank te maken die de gasten verwelkomt met een hangende klimop. En als bonus voor katteneigenaren houdt dit de plant buiten het bereik van planten-vernielende harige vriendjes. Def en Mos kijken trouwens niet naar de planten om – zij liggen liever in de zon.

> *Ook de kantoorruimte is met planten gedecoreerd, zowel met echte als met exemplaren van glanzende, witte keramiek. Vintage kopjes zijn leuke potten voor kleine cactussen en vetplanten.*

GROEN IS ALTIJD MIJN LIEVELINGSKLEUR GEWEEST. VAN BLEEK MINTGROEN TOT FRIS GRASGROEN EN HET DIEPE GROEN VAN EEN BOS.

< Minimale moeite, maximaal stijleffect: maak je eigen plantenrek met een plankje, twee leren riemen en een paar jampotten.

V De muur van de garderobekamer is geschilderd in perzikroze, een kleur die het diepe groen van Alocasia amazonica goed doet uitkomen. Terrariumtekeningen van Inge van Teken-Ing voegen een subtiel botanisch accent toe aan deze hoek.

v *Hij ziet eruit als een cactus, maar het is een vetplant. Deze* Euphorbia trigona *is ook bekend als 'wolfsmelk', net als zijn familieleden in de tuin, vanwege het irriterende, giftige, melkachtige sap dat eruit stroomt als je de plant doorsnijdt.*

ZIE BLZ. 28

GOED IDEE

Kopjes, bekers en kleine vazen kun je omtoveren tot plantenpotten. Als je je mooie servies niet wilt vernielen met boorgaten in de bodem, kun je hydrokorrels of kleine steentjes onderin leggen waardoor er een laag ontstaat waar ruimte is voor een eventueel teveel aan water. Kleine cactussen of vetplanten zijn heel geschikt voor dit type 'pot', omdat ze graag in droge grond staan tussen twee gietbeurten in.

Als ze eropuit gaat om nieuwe planten te kopen, zoekt Marij naar bijzondere vormen en kleuren, evenals grafische details en patronen die passen bij hun interieur. De twee grote *Calathea*-planten in de woonkamer zorgen voor een opvallend contrast met de roze kast. Marij werd ook verliefd op de roze details van *Maranta tricolour* waarvoor ze een plantenpot van Ikea (Ingefära) verfde. Gedecoreerde potten zie je overal bij Marij en Evert: net als bij hun interieurdesign creëren zij een mix van vintage, modern en DIY. Bij het verlaten van het mooie huis van Marij en Evert weet je één ding zeker: het Groene Hart klopt in elk geval luid en duidelijk in Alphen aan den Rijn.

→ *Meer over Marij op entermyattic.com*

PLANTEN VOEGEN EEN LEVENDIGE TOETS TOE AAN JE INTERIEUR. JE BRENGT ECHT DE NATUUR NAAR BINNEN. IK GEBRUIK GRAAG PLANTEN IN DE STYLINGPROJECTEN VOOR MIJN BLOG. ZE GEVEN NET DAT BEETJE EXTRA AAN EEN FOTO.

↑ *Cactussen in vintage hoedvormige potten en in een gespikkeld theekopje met schotel.*

> *In de hoek naast de bedbank waar Def graag slaapt (hij deelt hem met gasten), zorgt een vintage secretaire met typemachine voor een mooie aankleding.*

> *Marij heeft meerdere gieters, zodat ze op elke verdieping van het huis er eentje bij de hand heeft. Op die manier is water geven een makkelijk klusje.*

EXPERTTIPS

5 VRAGEN
VOOR MARIJ

1 **Wonen met planten - is dat voor jullie een keuze geweest voor een bepaalde leefstijl, of een natuurlijke manier van leven?**
Voor mij was dit geen bewuste keuze. Deze manier van leven groeide door de jaren heen, en ik begon het steeds leuker te vinden om planten om me heen te hebben. Ik kan me ons huis niet meer zónder voorstellen. Ik zet graag een groep planten in elke kamer, en dat is ook gelukt.

2 **Hoe zou je de stijl van jullie huis beschrijven?**
Ik zou mijn interieur beschrijven als een mix van eclectisch, Scandinavisch design, vintage, grafische elementen en prints, frisse pastels en een vleugje boho. Ik weet niet of je een label op mijn stijl kunt plakken - ik volg mijn instinct en als ik iets leuk vind, combineer ik dat met wat ik al heb. Dit creëert een spannende mix, vind ik. Ik hou ook van kleur. Op dit moment zijn mijn favorieten okergeel, mintgroen en zachtroze, gecombineerd met veel wit. Mijn vintage vondsten passen perfect bij dit kleurenpalet. En er is natuurlijk ook altijd een flinke hoeveelheid groen in mijn huis te vinden!

3 **Je hebt een prachtige plantencollectie. Hoe is dat zo gegroeid?**
Als ik op zoek ga naar nieuwe planten, kijk ik vooral naar vormen en structuren. Elke keer weer ben ik verrast door wat de natuur ontworpen heeft. De bladeren van sommige planten hebben een prachtig lijnenspel, waardoor het wel kunstwerkjes lijken. Ik ontdek nog geregeld plantensoorten die ik nooit eerder gezien heb - er is veel vernieuwing in het plantenaanbod van winkels. Mijn collectie is door de jaren heen gegroeid. Ik begon met een cactus, omdat die zo makkelijk was om voor te zorgen en omdat cactussen toen helemaal 'in' waren. Gelukkig lijkt deze cactustrend nog lang niet voorbij.

4 **Heb je een favoriete plant thuis? Zo ja, welke en waarom?**
Ik heb een vrij grote *Euphorbia* die ooit een van mijn eerste planten was, dus die is al een tijdje bij ons. Dat maakt hem extra speciaal. Ik zou hem graag nog wat groter en breder zien, maar helaas groeit hij niet erg hard.

5 **Hoe verzorg jij je planten?**
Ik probeer mijn planten regelmatig water te geven. Om de gietklus makkelijker en efficiënter te maken heb ik op elke verdieping een gieter staan. Elke plant heeft een eigen vochtbehoefte: ik voel vaak even aan de aarde om te checken of ik moet gieten. Verder haal ik regelmatig oudere bladeren weg, omdat die de energie van de plant wegnemen.

STYLINGTIP

Combineer planten met verschillende vormen, maten en structuren: dat versterkt het effect. Een mooie mix van plantenpotten, zoals vintage, retro en modernere soorten, werkt ook goed. Als je één kleurenpalet voor al je potten - en voorwerpen die voor potten doorgaan - kiest, krijg je toch een gevoel van eenheid.

HANGPOTTEN

Heb je geen ruimte meer voor planten in de vensterbank of op een plantenkrukje, dan is er nog een andere mogelijkheid: knoop deze hanger en hang ze op! Aan het plafond, de muur of een raamkozijn, of desnoods aan de deurkruk van een weinig gebruikte deur.

^ Gewone plantenpotten, zoals van terracotta, passen heel erg goed bij macraméhangers. Maar een slakom met ronde bodem ziet er ook goed uit.

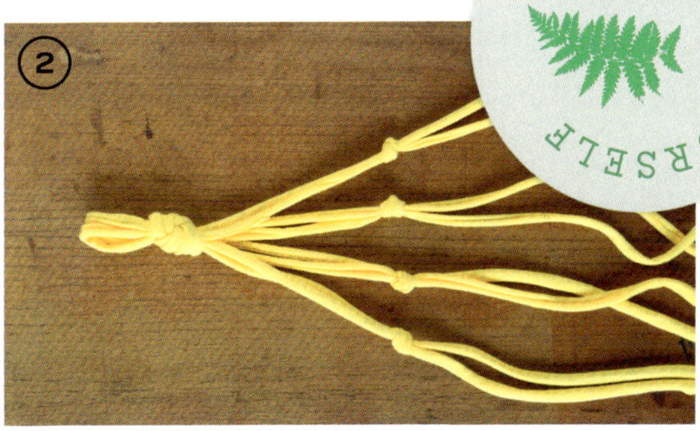

1. *Begin met vier linten of touwen van 3 meter lang. Vouw ze in het midden om en knoop ze allemaal bij elkaar in één knoop, met een kleine lus bovenaan. Je hebt nu acht strengen om mee te werken. Voor de volgende stap helpt het als je de lus aan een spijker in de muur of aan een deurkruk hangt.*

2. *Verdeel het garen in vier groepen van twee. Leg een simpele knoop in elk paar op 40 cm onder de centrale bovenste lusknoop. Je hebt nu vier knopen horizontaal op één lijn. Zorg dat elke knoop goed vastzit.*

3. *Pak één streng van elk van twee naast elkaar gelegen geknoopte paren en knoop deze samen in een knoop van 8-10 cm onder de vorige knoop. Herhaal dit tot je alle paren hebt samengeknoopt. Je ziet nu een zigzagpatroon tussen de strengen.*

4. *Knoop alle acht stukken samen met een klein touwtje van hetzelfde garen, of maak één grote knoop met alle strengen. Trek aan elke streng om zeker te weten dat de knoop superstrak zit. Knip met een schaar om de strengen op de gewenste lengte af te knippen. Je kunt kralen of linten toevoegen voor extra stijl en textuur.*

Voor deze tutorial gebruikten we een oud katoenen T-shirt om er stoffen linten van te maken. Eén T-shirt is genoeg voor één plantenhanger. Leg je T-shirt plat neer op een tafel en knip de mouwen eraf. Begin dan onderaan en knip rondom in het T-shirt tot je een spiraal hebt (van 15-20 mm breed). Ga verder tot je de mouwen bereikt. Je hebt nu een zéér lang stuk. Je zult zien dat de stof opkrult en zo een mooi lint wordt als je er zachtjes aan trekt.

PLANTENPORTRET

CACTUSSEN

Net als vetplanten zie je cactussen ineens echt overal: in dat hippe winkeltje om de hoek, op de tafel in je favoriete café, in de vensterbank bij vrienden. En misschien heb je zelf ook al een paar cactussen in huis. Natuurlijk is er een reden waarom cactussen zo populair zijn: ze zijn makkelijk te verzorgen (maar niet onderhoudsvrij!). Bovendien zijn ze er in allerlei kleuren én vormen : harig, zuilvormig, met 'konijnenoren', bolvormig…

< Cactussen zien er geweldig uit op foto's – en zeker naast vintage camera's!

> Voor een cactuscompositie met een retro-uitstraling kun je, om nou niet helemaal terug te grijpen op de jaren 70, vintage keramiek combineren met moderne vormen.

Laat je niet voor de gek houden: denk niet dat een cactus een cactus is alleen omdat hij stekels heeft. Er zijn veel soorten vetplanten met stekels die niét bij de familie Cactaceae horen, zoals sommige euphorbia's en agaves. Ook hebben bepaalde cactussen – zoals de meeste lophophora's – helemaal geen stekels. Alle cactussen zijn vetplanten, maar niet alle vetplanten zijn cactussen.

Wat een cactus wél tot een cactus maakt, is dat hij areolen heeft. Areolen zijn de plekjes waar stekels, glochiden (prikhaartjes), stengels en bloemen uit groeien; alle echte cactussen hebben ze, en vetplanten niet. Areolen zijn niet moeilijk te vinden: ze zien er meestal uit als kleine pluizenbolletjes op het 'lichaam' van een cactus.

Veel mensen denken dat cactussen in de Sahara praktisch zonder water kunnen, maar dat is een misvatting.

CACTUSSEN ZIJN ECHTE EYECATCHERS IN KLEINE GROEPJES, OF GECOMBINEERD MET ANDERE KAMERPLANTEN TOT EEN ÜBERHIPPE *PLANTGANG.*

De reputatie van cactussen dat ze zonder water zouden kunnen, komt van hun vermogen om te overleven in droge gebieden waar weinig, of heel onregelmatig, water beschikbaar is. In werkelijkheid is water essentieel voor alle cactussen om te overleven! Het geheim van gezonde, florerende cactussen is niet om géén water te geven, maar niet te veel.

Er zijn twee soorten cactussen. Woestijncactussen zijn de soorten die je voor je ziet bij het horen van het woord 'cactus'. Deze zijn afkomstig uit de dorre regio's van Amerika en de omringende eilanden. Er zijn echter ook tropische of junglecactussen, die voorkomen in tropisch regenwoud en andere omgevingen waarvan je zou verwachten dat ze ongeschikt zijn voor een cactus. Junglecactussen komen van oorsprong uit de tropische jungle in Midden- en Zuid-Amerika en groeien meestal in bomen of op rotsen. Algemeen bekende junglecactussen zijn de lidcactus en *Rhipsalis*.

AU, DIE STEKELS DOEN PIJN!

In het wild fungeren cactusstekels als een verdedigingsmechanisme tegen herbivoren. Ze gaan ook vochtverlies tegen door de luchtcirculatie rond een cactus te doorbreken. Voor mensen zijn stekels soms een beetje lastig. Een tip voor het verpotten van cactussen zonder daarna naar een pincet te hoeven grijpen: wikkel je cactus in een aantal bladzijden van een glossy magazine. Til de cactus dan heel voorzichtig van de oude pot naar de nieuwe. Wees vooral voorzichtig bij een cactus met glochiden: die kleine prikhaartjes irriteren en zijn amper zichtbaar voor het oog, waardoor ze moeilijk te verwijderen zijn. Gebruik eventueel ducttape om de haartjes van je huid te halen.

Los van hun prikkende onderdelen zijn cactussen geweldige kamerplanten voor iedereen, van beginners tot gevorderden op groengebied. Ze hebben weinig aandacht en zorg nodig en brengen tegelijk veel sculpturale stijl in je huis. Cactussen zijn echte eyecatchers, zowel in kleine groepjes als grotere *plantgangs*.

v *Het verschil tussen cactussen en vetplanten: de areolen, die eruitzien als kleine pluizenbolletjes op het cactuslichaam.*

> *Cactussen hebben maar weinig water nodig, dus kun je ze in theekopjes en koffiemokken zetten zonder afwateringsgaten (leg hydrokorrels onderin).*

WIST JE DAT

hoewel cactussen veel geluk en schoonheid naar je huis brengen, ze geen luchtzuiverende eigenschappen hebben? Toch zijn het perfecte groene huisgenoten!

VERZORGINGSTIPS:

Plaats: zet cactussen vlak bij het raam; ze hebben een maximale hoeveelheid zonlicht nodig.

Temperatuur: alles is goed, zolang ze maar beschermd worden tegen vorst.

Water geven: geef cactussen tijdens de groeiperiode (van lente tot herfst) flink water, tot het water uit de pot komt lopen. Laat geen water in de pot of plantenschotel staan, en wacht tot de grond compleet droog is voor je weer water geeft. Cactussen gaan rotten als je ze te veel water geeft.

Van april tot oktober: *een cactus in een pot met een diameter van <5 cm geef je elke 3 tot 8 dagen water, afhankelijk van de temperatuur en zonneschijn. Bij potten met een diameter van >30 cm geef je elke 10 tot 20 dagen water.*
Van november tot maart: *geef minder water dan in de zomer. Een cactus in een pot met een diameter van <5 cm geef je elke 1 tot 2 weken een klein kopje water, afhankelijk van de temperatuur. Bij potten met een diameter van >30 cm geef je 1 liter water per 2 tot 4 weken.*

De meeste cactussen hebben niet per se extra voeding nodig. Gedurende het groeiseizoen kun je niettemin elke 2 tot 4 weken vloeibare voeding aan het gietwater toevoegen.

PLANTENPORTRET

VETPLANTEN

Vetplanten hebben wel enige introductie nodig, al behoren ze tot de populairste en makkelijkste planten die er zijn. Ze zijn er in veel verschillende soorten, van grafisch uitziende echeveria's, met hun grote rozetten van dikke bladeren, tot grote, cactusachtige soorten.

Veel vetplanten slaan water op in hun bladeren en stengels; daarmee kunnen ze droge omstandigheden overleven. De meeste hebben dikke bladeren en stengels die fungeren als watertanks, en daarnaast kunnen ze veelal vochtverlies voorkomen dankzij hun wasachtige bladeren of dunne laagje haar, waarmee ze verdamping tegengaan.

Echeveria's zijn moeilijk te weerstaan. Niet alleen zijn ze er in allerlei soorten en kleuren, maar ze zijn ook gewoon zeer decoratief (wat vooral aantrekkelijk is als je foto's maakt voor Instagram, *hint hint*) en ook nog heel betaalbaar. Vaak zien de planten er bij aankoop echt mooi uit, maar houd er rekening mee dat hun vorm en kleur in de weken en maanden die daarop volgen, kunnen veranderen!

↗ *Klein gedecoreerde kopjes en vaasjes zijn perfect voor deze Echeveria-vetplanten en minicactus.*

> *Mix & match! Hier zijn plantenpotten gecombineerd met een glazen stolp en diverse accessoires en er groeit een erwtenplantje (Senecio rowleyanus) uit een lade.*

< Sommige vetplanten, zoals bepaalde soorten sedum, worden rood om zichzelf te beschermen tegen de kou of te veel zon. Een natuurlijke zonbescherming dus!
v Dit erwtenplantje heeft het naar zijn zin in een glazen hangpot met een leren riem.
> Als je geluk hebt, gaat je vetplant bloeien. Creëer hiervoor de optimale omstandigheden door je plant te laten overwinteren bij circa 15 °C.

Vetplanten rekken zich uit als ze niet genoeg zonlicht krijgen. Een gebrek aan zonlicht laat planten ook sneller groeien. Eerst zie je dat de vetplant zich in bochten wringt om bij de lichtbron te komen. Als de plant doorgaat met groeien, zal hij groter worden, met meer ruimte tussen de bladeren. Meestal worden de bladeren kleiner en minder intens van kleur – jammer als je een paarse, roze of rode *Echeveria* hebt gekocht!

Over het algemeen kun je maar beter zorgen voor een zeer lichte plek voor je vetplanten, maar zet ze niet in de volle zon. Vooral in donkere winters is het moeilijk te voorkomen dat ze langgerekt gaan groeien. Je kunt een kweek-/groeilamp overwegen om je planten meer licht te geven. Er is van alles te koop op dit gebied, zoals de stijlvolle lampen van Bulbo.

WIST JE DAT

de 'erwtjes' van een erwtenplantje eigenlijk de blaadjes van de plant zijn? Net als andere vetplanten slaat dit plantje water op in zijn bladeren, maar die zien er toevallig lekker uit. Dat betekent overigens niet dat ze eetbaar zijn, integendeel: ze zijn licht giftig voor mens en dier. Hang ze daarom buiten het bereik van kinderen en huisdieren.

VERZORGINGSTIPS:

Plaats: zonlicht. Hoe meer kleur je vetplant vertoont (paars, roze, rood), hoe meer direct zonlicht hij nodig heeft. Geef hem hartje zomer echter een lichte plek buiten het bereik van de zon, om verbranding te voorkomen.

Temperatuur: kamertemperatuur. Vetplanten verdragen droge lucht. Houd ze, om de bloei te stimuleren, in de winter of zeer vroege lente een paar weken op 10 °C.

Water geven: liever te weinig dan te veel. Gebruik goed doorlatende grond (liefst speciale vetplanten-/cactusgrond; bij gewone grond kun je het best iets lichts en poreus erdoor mengen om de drainage te verbeteren). Maak de grond kletsnat als hij volledig droog is. Geef nooit water in de rozet.

Voeding: niet nodig, maar als je wilt kun je in de groeiperiode om de 14 dagen voeding geven.

KWEEK JE EIGEN VETPLANTEN

Het leukste onderdeel van vetplanten: je kunt zelf eenvoudig je planten vermenigvuldigen tot een grote familie van vetplanten, omdat ze heel makkelijk op te kweken zijn. Hoe?

Vetplanten als Crassula ovata (onder) kun je makkelijk vermeerderen door een stek rechtstreeks op de grond te leggen. Geef spaarzaam water tot de stek worteltjes krijgt.

1. *Trek een paar blaadjes van de stengel van de plant (knip of snijd ze niet af). Als ze niet loslaten, draai dan een beetje. Maar let op: het is belangrijk dat je een schone 'wond' achterlaat, wat betekent dat er niets op de stengel achter mag blijven.*

2. *Leg de verse bladeren horizontaal op wat grond. Je kunt een diep bord nemen met een laagje grond, of leg ze bij de voet van een plant in een pot. Laat de bladeren nu een paar dagen uitdrogen; geef niet meteen water. Sproei na een paar dagen wat water over de bladeren. Geef daarna pas weer water zodra de grond volledig droog is; ongeveer om de 10 dagen, of minder vaak.*

Net als een volgroeide vetplant hebben de stekken maar weinig water nodig. Zet ze op een zeer lichte plek, maar niet in de volle zon.

3. *Na een paar weken zullen er een paar witte of roze miniatuurworteltjes uit de bovenkant van de bladeren spruiten. Een ieniemienie babyplantje zal beginnen te groeien. Zodra de plantjes wat groter zijn, zul je zien dat die eerste blaadjes rimpelig en geel worden of verschrompelen. Die kun je er dan voorzichtig af trekken. Zet de nieuwe vetplant vervolgens in een eigen pot.*

PLANTENPORTRET

ALOË VERA

Als je op zoek bent naar een van de makkelijkste kamerplanten ooit, kies dan zo'n mooie aloëplant.

VERZORGINGSTIPS:

Plaats: zeer licht. Aloëplanten met doornige bladeren hebben meer licht nodig dan exemplaren met zachtere bladeren.

Temperatuur: kamertemperatuur. Ze zijn bestand tegen droge lucht. Om de bloei te stimuleren kun je ze een paar weken bij 10 °C houden (in de winter/zeer vroege lente).

Water geven: tijdens de groeiperiode hebben ze veel water nodig en je kunt de grond zelfs de hele tijd vochtig houden (zorg wel dat je een pot met een afwateringsgat hebt). Geef nooit water in de rozet, maar maak de aarde nat.

Voeding: om de 14 dagen tijdens de groeiperiode.

De oude Grieken en Romeinen gebruikten aloë vera om wonden te verzorgen. In de middeleeuwen werd de gelige vloeistof die in de bladeren zit, gebruikt als laxeermiddel. Aloësap wordt als inwendig plantaardig middel nog steeds gebruikt om spijsverteringsproblemen te verlichten.

Om de gel uit je eigen aloëplanten te gebruiken snijd je gewoon een blad af. Je zult zien dat er, afhankelijk van de dikte van het blad, een doorzichtige gel in zit. Die kun je uitwrijven op je huid om zonnebrand of brandwonden van de oven te verlichten.

Aloëplanten vermeerderen zich via hun wortel, waarvan je stekken kunt nemen. Zodra ze groot genoeg zijn, kun je ze vroeg in de zomer voorzichtig van de moederplant halen (inclusief zoveel mogelijk van de worteltjes die er aan het jonge plantje zitten). Zet ze in een goed drainerende pot op een lichte plek, maar niet in de volle zon.

WIST JE DAT

het niet makkelijk is om je aloë vera binnen te laten bloeien? Alleen volgroeide planten (van minstens 4 jaar oud) bloeien, dus verwacht niet te veel van een kleine aloëplant. Zet hem liefst in de volle zon en geef wat extra voeding om de 14 dagen. Haal nieuwe babyplantjes weg zodat de plant meer energie overhoudt om in de bloei te stoppen. Als hij dan nog niet gaat bloeien, geniet je gewoon van de schoonheid en gezondheidsvoordelen van de bladeren!

CACTUSSEN & VETPLANTEN

STYLINGTIPS

Cactussen en vetplanten zijn niet alleen ideale beginnersplanten, maar ze geven ook een bijzonder woestijngevoel aan je interieur. Of je nu gaat voor een gigantisch exemplaar dat eruitziet als een sculptuur, of een groep kleinere cactussen en vetplanten, de stylingmogelijkheden zijn eindeloos. Het geheim van een unieke cactusstyling is dat je verschillende soorten texturen combineert, bijvoorbeeld een cactus met dikke stekels naast een harige grijsbaard (*Cephalocereus senilis*).

Deze woestijncompositie creëer je door verschillende soorten cactussen en een Haworthia-vetplant bij elkaar te zetten in een glazen schaal met keitjes. De muurdecoratie heeft er zojuist een stekelige concurrent bij gekregen!

WIKKEL VOORZICHTIG EEN BLADZIJDE UIT EEN GLOSSY MAGAZINE OM DE CACTUS VOORDAT JE HEM GAAT VERPOTTEN. DOE JE DAT NIET, DAN HEB JE STRAKS MISSCHIEN EEN PINCET NODIG. AU!

STYLINGTIP

Omdat de meeste cactussen omhoog groeien, is hun pot altijd goed te zien. Dit vraagt om creatieve potten die bij de rest van je interieur passen. Verf een paar simpele terracotta potten, koop grappige potten of verzin een leuk DIY-pottenproject. Zorg wel altijd dat de potten goede afwateringsgaten hebben zodat je stekelige vriendjes blijven leven.

⌜ Benadruk het grote aantal verschillende soorten cactussen door ze in een houten kastje bij elkaar te zetten.

∧ De ideale plaats voor cactussen is op een zonnige vensterbank. Zet ze in een houten krat zodat je ze makkelijk kunt verplaatsen als je ze water wilt geven of het raam open wilt zetten.

GOED IDEE

Cactussen zien er op hun best uit als je verschillende soorten met elkaar combineert. Als je je #plantgang zuiver 'cactus-only' wilt houden, maar toch iets totaal anders erbij wilt, kies dan een variëteit van Rhipsalis. De meeste rhipsalissen hangen, maar sommige groeien omhoog of spreidend. Ze voegen een heel eigen textuur toe aan je cactus-gang!

^ *Voeg dat beetje 'je ne sais quoi' toe: combineer cactussen met vintage schatten voor een unieke styling.*

> *Een kleine cactus completeert elke styling.*

HET GEHEIM VAN EEN GELUKKIGE CACTUS IS NIET OM HEM GEEN WATER TE GEVEN, MAAR OM NIET TE VÉÉL WATER TE GEVEN.

^ *Een perfecte interpretatie van een oase in de woestijn: dit leeshoekje heeft een echte Arizona-vibe!*

^ Planten & een piano: een combinatie waar we warm voor lopen!

EEN DONKERE MUUR LAAT HET LEVENDIGE GROEN VAN CACTUSSEN EN VETPLANTEN GOED UITKOMEN EN VORMT OOK EEN PERFECTE ACHTERGROND VOOR DE SCULPTURALE VORMEN VAN DE PLANTEN.

STYLINGTIP

Wil je je piano aankleden met planten, gebruik dan potten zonder afwateringsgaten zodat er geen water onderuit kan lopen, wat kringen kan veroorzaken. Doe in plaats daarvan hydrokorrels onder in de potten en gebruik speciale vetplanten- of cactusgrond.

⌜ Een gezellig hoekje met een grote aloë vera en stijlvolle accessoires.

∧ De bladeren van vetplanten zijn delicaat als glas en verkleuren een beetje als je ze aanraakt.

CACTUSSEN EN VETPLANTEN ZIJN ALS LEVENDE SCULPTUREN. ZE KUNNEN ELKE KAMER VERLEVENDIGEN.

< *De grote* Euphorbia triangula *is een echte eyecatcher, een statement piece, in dit vertrek. De gieter op het kastje combineert perfect met de andere spullen.*

∟ *Dit boekenkastje is aangekleed met een eclectische mix van Afrikaanse kunst, designklassiekers, mooie dozen en planten in allerlei formaten.*

∨ *Zonnige slaapkamers zijn de ideale plek voor een grote, sierlijke vetplant. Naast je favoriete groene vriendje slapen is bovendien heerlijk!*

THUIS BIJ

JESKA & DEAN

Hastings / Engeland

GROEN JUWEEL NABIJ HET KANAAL

Jeska en Dean Hearne hebben een kleine bungalow vlak bij het Engelse Hastings. Je zult hier geen tv vinden, of glimmende nieuwe meubelstukken. Je kunt het met recht een 'verzamelaarshuis' noemen, boordevol karakter en persoonlijkheid. Het is door de jaren heen gecreëerd met veel liefde, creativiteit en warmte en het is niet alleen het thuis van twee jonge creatievelingen, maar ook van hun twee katten, Marlo en Wallis, en circa zestig planten.

> Geluk op de drempel van het creatieve stel Jeska en Dean, waar ze wonen met hun katten Marlo en Wallis.

Neergevlijt op de kliffen bij het Kanaal is het huis een spiegel van zijn eigenaren. Jeska werkt als blogger, stylist en fotograaf en heeft haar eigen webshop: The Future Kept. Dean is freelance grafisch vormgever, webdesigner en fotograaf en werkt samen met Jeska aan de webshop. Sinds 2013 wonen ze in deze bungalow met een grote, wilde achtertuin. Dit creatieve koppel is constant aan het veranderen en herinrichten in hun huis, dat zowel hun woon- als werkplek is. Wat je het eerst opvalt als je binnenkomt, is de manier van leven die Jeska en Dean delen. Hun eco-leefwijze spreekt overal uit: vintage meubels gecombineerd met vondsten van de rommelmarkt; de dominerende aardse tinten; zorgvuldig verzamelde en uitgestalde keramiek die zij aan zij met weelderige kamerplanten staat... Jeska heeft een uiteenlopende reeks gezonde planten verzameld: van vetplantjes en florerende varens tot grootbladige *Monstera*, *Ficus elastica* en *Calathea orbifolia*.

∧ Het antieke, victoriaanse kastje in de werkruimte biedt plek aan allerlei pronkstukken. Bovenop staat een klassieke bonte klimop.

> In deze ruimte verwerken Jeska en Dean de bestellingen van hun cliënten. De hoge plank houdt planten, tijdschriften, verpakkingsmateriaal en linten buiten het bereik van nieuwsgierige katten.

MIJN FAVORIETE PLANT IS EEN *TRADESCANTIA ZEBRINA* DIE MIJN VRIENDIN SARAH-LOU ME VORIG JAAR HEEFT GEGEVEN. HET WAS EEN KLEIN STEKJE, DAT UITGROEIDE TOT DEZE WEELDERIGE SCHOONHEID. DE PLANT MAAKT ME ALTIJD AAN HET GLIMLACHEN ALS IK ERNAAR KIJK EN AAN MIJN VRIENDIN MOET DENKEN.

ZIE BLZ. 120

Een jonge gatenplant (Monstera deliciosa) heeft zijn eigen hoekje in de slaapkamer van het stel.

ZIE BLZ. 60

∧ *In de badkamer heeft Jeska gezorgd voor een kustgevoel met een palm, een erwtenplantje, een bloeiende geranium, een hangvaren en grote schelpen.*

⌜ *Jeska's nachtkastje is het decor voor een vaasterrarium (zie instructies op blz. 57), een* Haworthia, *haar favoriete geurkaars, een chocoladereep en vintage lijstjes.*

∧ *Deze* Senecio kleiniiformis *ziet er elegant uit in de vintage koperen pot.*

Ondanks het grote aantal planten voelt de bungalow niet overvol. Met de vaardige blik van een stylist is Jeska erin geslaagd in elke kamer planten op te nemen zonder concessies te doen aan het vrije gevoel en de luchtigheid van de ruimte.

De plantenstyling is simpel maar geraffineerd: slimme composities als varens met een trio vintage vazen; tropische planten gecombineerd met een portret van een Polynesische vrouw; en een grote bruidsbloem (*Stephanotis*) die zijn groene uitlopers achter een comfortabele vintage stoel heeft gelegd. Het stylinggeheim is duidelijk: plantenstyling heeft het meest effect als je een bepaald thema gebruikt en daar passende decoratieve objecten bij zoekt. Grotere kamerplanten daarentegen kun je beter inzetten als soloartiesten, die in hun eentje de ruimte opeisen en een opvallend visueel effect geven.

Jeska's creativiteit gecombineerd met Deans vaardige handen vormen een perfect startpunt voor allerlei simpele maar unieke DIY-ideeën met planten. Jeska heeft een klein terrarium gemaakt zon-

^ Het diepe donkergroen van de vingerplant (Fatsia japonica) komt mooi tot zijn recht tegen de koolzwarte muur. Vintage tekeningen en kunst en een zeer oude spiegel voegen een vleug boho-charme toe aan dit deel van de woonkamer.

CALATHEA ORBIFOLIA **KOMT VAN OORSPRONG UIT BOLIVIA. HET MOOIE PATROON VAN DE GROTE BLADEREN MAAKT HEM TOT EEN VAN MIJN STYLINGFAVORIETEN.**

DE RUSTIEKE VINTAGE TERRACOTTA POTTEN WAREN EEN GEWELDIGE VONDST. ZE LAGEN GEWOON IN HET OUDE SCHUURTJE TOEN WE HIER KWAMEN WONEN!

GOED IDEE

Gooi nooit oude pallets en kratten weg. Dat hout heeft vaak een mooi patina dat extra charme geeft aan de nieuwe dingen die je ermee kunt creëren. Dean maakte dit houten kastje zelf van een paar oude paletten. Het biedt nu plaats aan peterselie en basilicum, een klimop en een bloeiende Haworthia.

der te investeren in een duur exemplaar of speciale spullen. Een grote glazen vaas, wat grind en het constant besproeien met water levert tezamen een perfecte microkosmos op voor een plant die van een hoge luchtvochtigheid houdt. Het geheel oogt stijlvol op haar nachtkastje en vult de aardse vintage look van de kamer mooi aan.

De DIY-keukenplank is nog zo'n idee van Jeska en Dean. Terwijl ze werkten aan een ander project, kwamen ze op het idee om wat oude pallets te upcyclen en er een simpele, rustieke stellingkast voor de keukenmuur van te maken. Jeska had een duidelijk beeld voor ogen: iets met een mooi patina en voldoende ruimte voor haar favoriete kruiden, zoals basilicum, munt en koriander, maar ook voor wat keukenspullen en nóg meer planten. Aan de andere kant van de keuken staat op de lange vensterbank een volledige line-up van kleinere cactussen, vetplanten en stekjes in verschillende vintage glazen. Een visuele traktatie tijdens het koken!

Hun katten Wallis en Marlo zijn niet geïmponeerd door de zoetige geur van versgebakken kaneelbroodjes en vers gezette koffie - zij knabbelen liever op een paar planten tijdens hun inspectierondjes. De harmonie van een leefruimte waarin iedereen die er woont zijn instinct mag volgen, is zo karakteristiek voor dit huis.

ALLES IN ONS HUIS HEEFT EEN BEDOELING EN IS ZORGVULDIG VERZAMELD. HET IS EEN EXPRESSIE VAN ONZE PERSOONLIJKHEID.

< *Kat Wallis doet graag een tukje in de gezellige woonkamer – en soms knabbelt hij even aan de planten.*

> *Een klein erwtenplantje (*Senecio rowleyanus*) groeit op de vensterbank.*

< *Kat Wallis op trofeeënjacht.*
V *Een kleine Ficus elastica, keramiek van hun eigen winkel en een paar flessen boven op de vintage ladekast.*

Het huis van Jeska en Dean Hearne is een warm en gezellig nestje boven op de Engelse kliffen, vol persoonlijkheid en creativiteit. Het laat zien wie zijn bewoners zijn, met hun unieke karakters en hun kennis van en vertrouwen in het eenvoudige leven. Zich omringen met planten hoort daarbij. Het is een natuurlijke manier van leven, en méér dan dat. Binnen en buiten leven met de natuur; vintage combineren met handgemaakt; werken en relaxen in dezelfde ruimte... Alles hier lijkt in een gezonde en esthetische balans te zijn. Voor Jeska, Dean, Wallis en Marlo.

→ *Meer over Jeska en Dean op TheFutureKept.com en lobsterandswan.com*

WIST JE DAT

het belangrijk is de bladeren van planten als Calathea, Monstera deliciosa en Ficus elastica schoon te houden? Als planten onder het stof zitten, raken de openingen waardoor ze zuurstof afgeven en kooldioxide opnemen, verstopt en worden hun luchtzuiverende eigenschappen drastisch gereduceerd. Wrijf de bladeren niet in met olie om ze te laten glanzen: dit trekt alleen maar meer stof aan. Gebruik een vochtige doek en een milde zeep.

DO IT YOURSELF

MAAK JE EIGEN TERRARIUM

Een simpele versie waar je geen speciale gereedschappen of een dure glazen bak voor nodig hebt.

1. *Neem een grote glazen vaas met een brede opening, groot genoeg om er een terracotta pot in te zetten.*

2. *Bedek de bodem van de vaas met grind en sproei er wat water over, zodat de steentjes vochtig worden.*

3. *Zet voorzichtig de opgepotte plant van je keuze in de vaas op het grind; pas op dat je de bladeren niet beschadigt. Peperomia's houden van de hogere luchtvochtigheid in een terrarium als dit.*

4. *Besproei het grind regelmatig, en geef de plant zelf water zoals gewoonlijk.*

∨ *De tuin achter het huis – op een winderige heuvel met zeezicht als je op je tenen gaat staan – wordt gebruikt voor verpotten en relaxen.*

EXPERTTIPS

5 VRAGEN
VOOR JESKA

1 **Wat betekent een leven met planten voor jou?** Toen ik mijn eerste planten in leven had leren houden, veranderde hun nabijheid als vanzelf in een natuurlijke manier van leven. Onze ouders hebben altijd planten in huis gehad en houden ook van tuinieren. Ik groeide eind jaren 70 op omringd door gatenplanten, bonsaiboompjes en cactussen. Er lag altijd wel een avocadopit te wachten in een pot water op de keukenvensterbank, omdat mijn vader deze graag wilde laten kiemen. Ik nam als kind ook graag een kijkje in de kas van onze buren, en mijn oma heeft een bloemenjungle in haar serre, dus denk ik dat het in de sterren stond geschreven dat ik me altijd zou omringen met planten.

2 **Wat waardeer je zo in jouw planten?** Ik kan me niet voorstellen dat er geen groene wezens om me heen zijn. Ze maken de lucht schoner en ons huis een fijnere plek om te zijn. De wekelijkse plantenverzorging is voor mij een soort meditatie. Ik word er heerlijk rustig en blij van.

3 **Plantenverzorging lijkt sommige mensen juist af te schrikken. Hoe verzorg jij ze? Wat is je routine, als je die hebt?**
Ik geef eerlijk toe dat ik de verzorging leuk vind, maar dat ik het wel een beetje op goed geluk doe. Ik houd de meeste exemplaren in leven door weinig, maar wel vaak water te geven. Ik geef ze voeding in het groeiseizoen, als ik eraan denk, en natuurlijk praat ik ook tegen ze. ;)

4 **Heb je een geheime verzorgingstip om te delen?** Wees niet bang om te experimenteren met stekken - je leert er elke keer iets van. Sommige stekken gaan dood, maar vele overleven en die kun je tot volgroeide planten opkweken.

5 **Planten zijn een geweldige aanvulling op elk interieur. Wat is jouw stylingtip als het om planten gaat?**
Zet ze in kleine groepjes met verschillende bladvormen en -kleuren. Mix hun texturen: zet veerachtige varens naast planten met groot, stevig blad. Of maak gewoon een lekker gekke compositie met potten van allerlei formaten op verschillende hoogten, enzovoort.

STYLINGTIP

Zoek op vlooienmarkten, kringloopwinkels en via internet naar oude terracotta potten. Of creëer zelf een ruwe look door je nieuwe terracotta potten te beschilderen met landbouwkalk. Schuur ze daarna voor een meer 'gebruikte' look.

PLANTPORTRET

MONSTERA DELICIOSA

GATENPLANT

Met zijn weelderige, wilde verschijning, grote ingesneden bladeren en slingerende luchtwortels is *Monstera deliciosa* een echte oerwoudkoning. Als je een junglelook in je huis wilt, is dit de juiste plant om aan te schaffen. De gatenplant, zoals hij in het Nederlands heet, past met zijn uitstraling in vrijwel elke ruimte. Tegelijk stelt hij weinig speciale eisen. Het is een kamerplant waar je niet veel omkijken naar hebt en hij is dus ideaal voor iedereen die van zichzelf vindt dat hij geen groene vingers heeft.

Monstera deliciosa is een altijdgroene epifyt met luchtwortels. Dit lid van de aronskelkfamilie, de Araceae, komt oorspronkelijk voor in Mexico en Midden-Amerika. Buiten zijn natuurlijke habitat is deze soort ook populair als kamerplant. Al in de jaren 60 en 70 van de vorige eeuw zorgde de gatenplant voor echte stedelijke jungles in de interieurs van zowel hippe designers als in eenvoudige arbeiderswoningen.

Deze makkelijk te onderhouden kamerplant heeft decoratieve, hartvormige bladeren met gaten (jongere bladeren hebben geen gaten) en kleine, verankerende wortels naast lange luchtwortels. Deze luchtwortels gebruikt hij om belangrijke voedingsstoffen en vocht te absorberen en mag je dan ook niet afknippen. Het weelderige blad kan wel wat uitgedund worden als je dat nodig vindt. Met de stekken kun je weer nieuwe planten opkweken. Zet de stek gewoon in vers water en wacht tot de eerste witte worteltjes beginnen te groeien. Daarna kun je de stekken oppotten.

^ Met zijn grote bladeren en luchtwortels is Monstera *misschien geen plant voor kleine appartementjes, tenzij je juist van een weelderige junglelook houdt. Completeer deze look in grotere ruimten met andere grootbladige soorten.*

WIST JE DAT

Monstera deliciosa *in zijn natuurlijke habitat eetbare vruchten voortbrengt? In sommige landen gelden deze vruchten als een delicatesse. Vandaar de toevoeging* deliciosa *aan zijn Latijnse naam. En in het Engels heet deze plant ook wel 'vruchtensaladeplant'!*

Vanwege zijn weelderige groeiwijze en formaat is deze plant een geweldige solo-performer in zonnige of licht beschaduwde hoekjes in je huis. *Monstera deliciosa* is geweldig als statement-plant als hij voldoende ruimte heeft om te groeien en zich uit te spreiden. Steun zijn opwaartse groeiwijze met een stok en je zult met een echte junglelook beloond worden.

De gatenplant is een goede keuze voor elke interieurstijl. Hij past net zo goed bij monochrome, Scandinavische en moderne huizen als bij eclectische en boho-interieurs. Om je favoriete stijl te accentueren kies je passende accessoires bij je *Monstera*-plant.

⌜ Monstera deliciosa *is geen plant voor op de vensterbank. Hij heeft ruimte nodig en zal daar zelf naar op zoek gaan als jij die niet geeft.*

∧ *Als je niet van klassieke mosstokken houdt, kun je ook een stevige, natuurlijke bamboestok kiezen om je* Monstera *te ondersteunen.*

VERZORGINGSTIPS:

Plaats: licht of halfschaduw, geen direct zonlicht. Als er te weinig licht is, zullen de bladeren niet volledig hun karakteristieke gaten ontwikkelen.

Temperatuur: kamertemperatuur.

Water geven: regelmatig en gelijkmatig. Laat de bovenlaag van de grond opdrogen tussen twee gietbeurten in. Als de lucht te droog is, kun je de bladeren af en toe bestuiven met zacht (kalkarm) water.

Voeding: gemiddeld; gebruik niet te veel. Om de week vloeibare voeding in de zomer, en minder vaak in de winter.

OXALIS TRIANGULARIS

RODE KLAVERZURING

Als iemand een zwerm paarse vlinders tot een plant kon toveren, zou de plant eruitzien als *Oxalis triangularis*. Deze mooie kamerplant voor zonnige vensterbanken hoort bij de familie klaverzuring (Oxalidaceae) en heet ook wel 'geluksklaver'.

< Als je je Oxalis vergeet water te geven of als de temperatuur te laag wordt, zal alles bovengronds verwelken en trekt je plant zich terug in de bollen eronder.

v De eetbare bloemen van Oxalis triangularis zijn wit of lila en vormen een charmante toevoeging aan een zomerse salade.

Deze elegante beauty is niet alleen zo verfijnd en subtiel als je maar kunt bedenken, maar ook makkelijk: veel zon, een beetje water en je *Oxalis* is tevreden. De plant is niet winterhard en mag niet buiten overwinteren, maar verder stelt hij weinig eisen.

Niet alleen is *Oxalis triangularis* fascinerend vanwege zijn mooie driehoekige blaadjes, maar hij bloeit ook nog eens regelmatig met kleine, witroze of paarse bloemetjes op lange steeltjes. De plant is er in twee kleurvariëteiten: met paars blad en witroze bloemetjes, en met groen blad en witte bloemetjes. Allebei zijn het echte eyecatchers in huis. Een speciaal kenmerk van *Oxalis triangularis* is dat de blaadjes 's nachts dichtgaan en 's morgensvroeg weer opengaan. Een grappig extraatje!

WIST JE DAT

klaverzuring ook eetbaar is? De blaadjes en bloemen kun je zowel rauw als gekookt eten en ze hebben een fruitige, zure smaak. Oxalis*-bloemen en -blaadjes zijn een lekkere en zeer decoratieve toevoeging aan een salade. Vanwege het oxaalzuur in de plant kun je echter beter niet de hele plant eten: dit kan leiden tot spijsverteringsproblemen. En belangrijk voor katteneigenaars:* Oxalis triangularis *is giftig voor katten.*

ZIE BLZ. 22

’S NACHTS GAAT DE *OXALIS* SLAPEN. HIJ VOUWT ZIJN BLAADJES NAAR BENEDEN ALS EEN PARAPLU EN KLAPT ZE ’S MORGENS NA EEN GOEDE NACHTRUST WEER OPEN.

VERZORGINGSTIPS:

Plaats: zeer licht, maar geen direct zonlicht. Ideaal is ochtendzon. Perfect voor de vensterbank.

Temperatuur: kamertemperatuur. De plant verdraagt geen vorst.

Water geven: doe dit regelmatig, maar pas als de toplaag van de grond droog is. Zorg dat er geen water in de pot blijft staan, want daar houdt de plant niet van. Geef spaarzaam water in de winter, tenzij hij in een warme, droge ruimte staat.

Voeding: geef in de zomer één keer per maand wat vloeibare voeding.

STYLINGTIPS

MONSTERA DELICIOSA

De koning van het oerwoud is terug. De gatenplant was al eens een populaire kamerplant in de jaren 60 en 70. *Monstera* heeft zijn oubollige image voorgoed van zich afgeworpen en verfraait nu moderne huizen overal ter wereld. Het is een allround stylingkampioen die past bij zowel pure Scandinavische interieurs als kleurrijke boho-huizen.

Monstera deliciosa is een klimplant die zijn luchtwortels gebruikt als verticale steunen. Geef je Monstera een mosstok om te voorkomen dat hij te veel gaat hangen, wat de stengels kan beschadigen.

BIJ HET OUDER WORDEN VAN *MONSTERA DELICIOSA* WORDEN DE BLADEREN GROTER EN ZULLEN ZE MEER GATEN KRIJGEN.

STYLINGTIP

Zet je Monstera in een pot of mand die past bij de stijl van je interieur. Koele, monochrome potten passen bij Scandinavische interieurs, en simpele terracotta potten of gevlochten manden doen het goed in een huis met een natuurlijke boho-look. Is je Monstera nog niet volgroeid, zet hem dan op een krukje: een echte troon voor de koning van het oerwoud.

⌜ Voor een grafisch accent zet je Monstera in zwarte en witte draadmanden.

∧ De jungleachtige Monstera deliciosa is al een eyecatcher als je hem op een simpel krukje zet.

THUIS BIJ

PEPPER, MICHAEL & NAHELE

Mühlhausen / Duitsland

EEN GROENER LEVEN BIJ HEIDELBERG

Stijl voert de boventoon in dit huis. Dat is meteen duidelijk als je bij de Schmidts over de drempel stapt. Dit jonge gezin bestaat uit mama Pepper, papa Michael en de twee jaar oude Nahele, liefdevol *Waldmöwe* ('bosmeeuw') genoemd, wat de letterlijke Duitse vertaling is van haar Hawaïaanse naam.

^ Dit is hoe slow family life eruit kan zien: een liefdevol gezinnetje, omringd met planten.

< *Deze vintage letterbak biedt plaats aan slakkenhuizen, stenen, schelpen en een mooie collectie luchtplantjes (Tillandsia).*

v *Twee echeveria's zitten dicht tegen elkaar in een oude koffiemolen. Het laatje is bekleed met plasticfolie om dit tegen vocht te beschermen.*

Pepper, Michael en Naheles halfvrijstaande woning ligt op dertig minuten rijden ten zuiden van de Duitse stad Heidelberg en biedt niet alleen onderdak aan dit gelukkige gezinnetje, maar ook aan een hele berg knuffeldieren en planten.

'Een kamer zonder planten voelt leeg, bijna doods.' Pepper begint ons gesprek over planten met deze krachtige uitspraak. En het is geen holle frase, ze leeft hier ook naar. Op alle drie verdiepingen en in alle vertrekken van hun huis zijn immers planten te vinden: in de keuken, de slaapkamer, Naheles kamer en de badkamer. Planten zijn ook essentieel voor Peppers stijlfilosofie. Ze heeft haar eigen stijl 'Scethno' genoemd: een mix van Scandinavische duidelijke lijnen en neutrale kleuren met primitieve etno-patronen en verzamelobjecten uit Afrika – aangevuld met een nog altijd groeiende collectie kamerplanten.

WIST JE DAT

tillandsia's gespecialiseerde bladeren hebben om water en voedsel uit de lucht te absorberen? Daarom heten ze ook wel 'luchtplantjes'. De meeste tillandsia's komen oorspronkelijk uit een vochtig klimaat en doe je een plezier met een hoge luchtvochtigheid. Zet ze bij andere, wel opgepotte, planten om ze te helpen het vocht op te nemen dat andere planten verdampen na een gietbeurt.

ZIE BLZ. 60

^ *Je kunt een kaal hoekje met een paar planten makkelijk omtoveren tot een botanische galerie door op planten geïnspireerd artwork toe te voegen. De ingelijste bladeren, bladerprints en posters zijn van Maaike Koster van My Deer Art Shop (mydeerartshop.nl).*

> *Chlorophytum comosum, met als Nederlandse naam graslelie, is een van de makkelijkste kamerplanten die je kunt bedenken. Hij is geschikt voor vrijwel elke kamer in huis, ook voor de badkamer. Als ze blij zijn met hun omstandigheden, beginnen graslelies op hun uitlopers kleine plantjes te vormen, die je kunt herplanten en delen met familie en vrienden.*

ALS MEISJE ZAT IK BIJ DE SCOUTS EN IK VOND HET HEERLIJK OM ALTIJD BUITEN TE ZIJN. DAARNA WILDE IK PER SE DE NATUUR IN HUIS HALEN, EN DAARVOOR ZIJN PLANTEN ONMISBAAR.

De grens tussen natuur en huis is vaag bij de familie Schmidt. Hun groene buitenruimte lijkt naadloos over te gaan in de binnenruimte dankzij de kamerplanten en een paar grote ramen en open gevels. Je ziet meteen dat Pepper een groot zwak heeft voor hoya's: ze heeft een grote variatie aan hoya's in haar hele huis. Deze wasbloemsoort is van tropische herkomst, met wortels in Azië, Australië en Polynesië, en heeft, zoals de naam al zegt, mooie, wasachtige bloemen. Pepper houdt haar hoya's het liefst als hangplanten in plaats van ze te ondersteunen voor een opwaartse groei. Hoya carnosa is de bekendste kamerplant van dit geslacht en hij gedijt in Peppers keuken en Naheles kamer. Verder heeft ze nog H. obovata en H. kerrii. Ook erwtenplantjes behoren tot haar favorieten en zijn overal in het huis te vinden, vaak in combinatie met de vrolijke pannenkoekplant (Pilea peperomioides) of een bonsaiboompje.

Een groot deel van de meubelstukken en decoratieve objecten zijn vintage vondsten die Pepper online heeft gedaan. Zelfs planten vindt ze online; de meeste die ze heeft, zijn tweedehands, afkomstig van eigenaars die geen ruimte meer voor ze hadden of die er gewoon vanaf wilden. Veel van deze plantenjuweeltjes kon ze gewoon ergens in de buurt ophalen. Haar bijna 2 meter hoge Ficus elastica was zo'n gelukkige vondst: hij was zijn vorige huisje ontgroeid maar doet het nu uitstekend in Peppers woonkamer, naast een Ceropegia.

Je denkt misschien dat iemand die zoveel planten heeft, af en toe het spoor bijster is met de verzorging. Maar Pepper heeft er iets op gevonden om geen van haar planten te vergeten en om eventuele instructies bij de hand te hebben: ze houdt haar eigen 'jungledagboek' bij. Dat is een boekje met daarin handige verzorgingstips en de botanische namen van haar planten. Ze noteert hierin hoe haar planten zich voelen op een bepaalde plek in huis of nadat ze ze heeft verplaatst naar een andere plek. Ook heeft ze een vaste dag in de week waarop ze elke plant verzorgt. Met deze simpele trucjes is plantenverzorging veel efficiënter en zeker makkelijker.

Maar het is niet alleen de verfijnde plantenselectie die in het oog springt in dit lichte huis. Peppers bijzondere styling-

↗ Tropaeolum *(Oost-Indische kers) ziet er niet alleen elegant uit, maar is ook eetbaar en krijgt even mooie als heerlijke oranje en gele bloemen, die een fantastische toevoeging zijn aan elke salade.*

> *Pepper nam deze oude vitrine over van een dierentuin. Nu is het een kas in de slaapkamer.*

∨ *Peppers collectie houten kommen, aardewerk en keramiek, met een hangende Hoya bovenaan.*

TWEEDEHANDS PLANTEN ZIJN EEN GEWELDIG ALTERNATIEF VOOR DE GANGBARE PLANTEN UIT TUINCENTRA. KIJK OP PORTALS ZOALS MARKTPLAATS - SOMS VIND JE ONLINE ECHTE JUWEELTJES.

WIST JE DAT

grote wasbloem (Hoya carnosa) *prachtige bloemen heeft in de zomer? Ze ruiken lekker zoet en zien eruit als kleine boeketjes stervormige bloemen. Verplaats de plant niet tijdens de bloei, want dan laat hij zijn bloemen vallen.*

talent maakt van simpele planten ware eyecatchers en ook dat zie je overal terug. Haar ideeën zijn vaak grappige oplossingen in een superoriginele uitvoering. Zoals de vintage letterbak in het eetgedeelte, met daarin verschillende luchtplantjes. En de Tillandsia die met draad is vastgemaakt aan een stuk hout en dat nu dient als pièce de milieu op tafel. Of het drijfhout uit een nabije rivier, dat Pepper getransformeerd heeft tot een hanger voor keukengerei en planten. En wat dacht je van een paar kleine vetplantjes in een vintage koffiemolen? Wij vinden het geniaal!

In haar thuiskantoor gebruikt Pepper een simpele stylingtruc om de botanische schoonheid te accentueren: ze combineert

∨ Peppers DIY-talent is zichtbaar in haar keuken. Van leren riemen en een stuk drijfhout maakte ze een hanger voor theedoeken en planten. De leren ladegrepen zijn ook van haar hand.

echte planten met hun geïllustreerde tegenhangers van het Nederlandse label My Deer Art. Om de stijl nog iets eigens te geven voegt ze botanische lijstjes met gedroogde bladeren van eigen makelij toe. Het totaaleffect is geweldig, met verschillende diepten, materialen en hoogten. Andere favoriete props voor plantenstyling zijn gevlochten manden met etnische patronen: Pepper gebruikt deze om minder spectaculaire plantenpotten te camoufleren en voorziet haar kamerplantencompositie meteen ook van een boho-uitstraling.

De affiniteit van dit gezin met de natuur komt overigens in het hele huis terug. Maar het buitenleven is net zo belangrijk voor de Schmidts. Een ruim terras ter ontspanning en om vrienden en familie te ontvangen is meteen ook Peppers uitvalsbasis voor haar plantenprojecten. De aangrenzende tuin met grote bomen – een favoriete speelplek voor Nahele – vormt een perfecte brug tussen het huis en de omringende natuur. Het huis van de familie Schmidt demonstreert uitstekend dat een leven met een speelse peuter niet hoeft te betekenen dat je planten de deur uit moet doen.

VERZORGINGSTIP

Een plantendagboek is heel handig. Ik plak de originele plantenetiketten erin en noteer hoe planten reageren op een bepaalde plek en welke problemen ze eventueel hebben gekregen, en wat ik heb gedaan om ze op te lossen. Verder verzamel ik verzorgingstips die ik online vind.

↗ De schoolbordmuur in de kinderkamer vormt een coole achtergrond voor de planten en tegelijk kan Nahele er haar creativiteit op kwijt.

> Pepper houdt een plantendagboek bij waarin ze verzorgingstips en trucs verzamelt.

IK VERZORG DE PLANTEN ALTIJD NA NAHELES ZONDAGSE BADJE, ZODAT IK HET WATER VOOR DE PLANTEN KAN GEBRUIKEN.

^ *Zelfs de kinderkamer is gedecoreerd met kleine, niet-giftige planten als cactussen (buiten bereik van kleine handjes) en hoya's.*

∨ In de natuur kunnen rubberbomen wel 30 meter hoog worden, maar je kunt hun groei binnen de perken houden door hun top eruit te knippen.

> Superwoman-styling: een bonsai, een Hoya, drijfhout, boeken, tijdschriften en een kleine houten kiwi (vogel) vormen een karakterististiek 'Scethno'-stilleven.

ZIE BLZ. 88

EEN PAAR GOED GEPLAATSTE PLANTEN VERLEVENDIGEN EEN MINIMALISTISCHE STYLING.

> De simpele geneugten van het leven: met het hele gezin tekenen aan de eettafel, omringd door planten.

EXPERTTIPS

5 VRAGEAN
VOOR PEPPER

1 **Leven met planten – wat betekent dat voor jou?**
Dat betekent bovenal dat de natuur niet pas bij mijn drempel begint. Ik houd de grens tussen huis en natuur graag vaag.

2 **Je huis is heel stijlvol. Hoe zou je jouw interieurstijl beschrijven?**
Ik definieer mijn stijl met de term 'Scethno': een combinatie van de puurheid van Scandinavische vormen en kleuren, en primitieve etnische patronen en verzamelobjecten uit Afrika. Ik houd van de Noord-Europese terughoudendheid, maar dan wel met contrasterende materialen en vleugjes geschiedenis. Ik omring me graag met dingen die een verhaal vertellen – of dat nu onze eigen reisverhalen zijn of de levensverhalen van complete vreemden.

3 **Als je nieuwe kamerplanten kiest, doe je dat dan met de blik van een interieurstylist of is je keuze eerder gebaseerd op een emotionele impuls?**
Beide. Ik kies de meeste van mijn planten vanuit een visueel oogpunt, vanwege hun verschijning. Vaak weet ik van tevoren precies welk type styling ik wil en wat voor planten ik daarbij zoek. Maar soms koop ik dan toch spontaan planten waar in het tuincentrum mijn oog toevallig op viel.

4 **Heb je een favoriete kamerplant? Zo ja, welke en waarom?**
Ik heb er inderdaad een paar. Ik ben dol op Hoya obovata en H. kerrii vanwege hun ongewone, sappige blad. Maar ik ben ook fan van de erwtenplant en Pilea peperomioides (pannenkoekplant), omdat die er op foto's zo mooi uitzien. En bonsaiboompjes zijn favoriet omdat het echte bomen zijn die er erg elegant uitzien.

5 **Heb je nog andere planten op je verlanglijst?**
Ja, een paar. Ik zou graag een heel grote olijfboom willen, een bonsai die lijkt op de beroemde Hometree (Thuisboom) in de film Avatar en een grote Hoya kerrii.

STYLINGTIP

Planten die niet al te compact zijn, werken het best. Ik kies graag planten met interessante vormen en bladeren, en planten die in hun geheel luchtig ogen. De Hoya, bijvoorbeeld, die ik liever als hangplant toepas dan dat ik hem als klimplant vastmaak aan een rekje. Bonsaiboompjes zijn geweldige solospelers – ze hebben weinig extra decoratie nodig. Vaak is het belangrijk om bij een bepaald kleurenpalet te blijven voor een goed uitgebalanceerde look. Daarom heb ik zelf alleen groene planten: geen twee- of driekleurige, en ook geen bloeiende of roodbladige soorten.

PLANTENSTANDAARD VAN HOUT EN KOPER

Blogger Antonia van Craftifair laat je zien hoe makkelijk het is deze plantenstandaard zelf te maken, waardoor je jungleplanten in stijl de lucht in gaan.

^ *Zamioculcas zamiifolia, ook bekend als de kamerpalm, is een robuuste plant met glanzend groene bladeren. De bladeren hebben een regelmatig patroon en accentueren perfect de stijl van je DIY-plantenstandaard.*

1 **JE HEBT NODIG::**

- *vier houten stokken met een diameter van 18 of 22 mm en een lengte van 1 meter (van de ijzerwarenwinkel)*
- *zes koperen T-stukken met een binnendiameter van 18 of 22 mm (van de loodgietersafdeling bij de ijzerwarenwinkel)*
- *liniaal, potlood en figuurzaag*

2 *Markeer voor de poten van de standaard op de stokjes waar je ze moet afzagen. Als je wilt dat je plantenstandaard ongeveer 50 cm hoog wordt, zaag je vier stokken van 40 cm en vier stokjes van 10 cm. Hoe langer de poten (en hoe groter de ruimte in het midden), hoe instabieler je plantenstandaard zal zijn. Een lange en een korte stok samen verbind je met één T-stuk tot één poot.*

3 *Het kruis voor het middenstuk maak je van vijf andere stukjes stok en twee koperen T-verbindingsstukken. Hoe lang de stokjes precies moeten zijn, hangt mede af van het formaat van je plantenpot.*

4 *Maak de uiteinden van de stokpoten glad met schuurpapier. Verbind ten slotte de poten met het middenstuk.*

→ Meer over dit project en andere projecten op craftifair.com

PLANTPORTRET

FICUS ELASTICA

INDISCHE RUBBERBOOM

Een *Ficus elastica* heeft veel goeds te bieden. Behalve dat hij mooi donker is en glanst, is hij ook heel effectief in het verwijderen van formaldehyde uit de lucht. Het is een van de krachtigste luchtzuiverende planten die er zijn.

< *Maak kennis met Marvin (als in Gaye): deze grote rubberboom torent uit boven de hele plantgang en is statig opgesteld naast een oude vouwladder.*
V *Meestal hangt Marvin rond in het eetgedeelte.*

Ficus elastica – Nederlandse naam Indische rubberboom – komt oorspronkelijk voor in Noordoost-India, Nepal, Bhutan, Myanmar, China, Maleisië en Indonesië. In zijn natuurlijke habitat kan hij wel meer dan 30 meter hoog worden. Binnenexemplaren blijven veel kleiner en daarmee beter hanteerbaar: tussen de 2 en de 3 meter. Zodra deze rubberboom de gewenste hoogte heeft bereikt, kun je de top eruit halen. Misschien wil je ook nog een paar takken snoeien om de plant een vollere vorm te geven. Doe dat bij voorkeur in de lente of zomer, al mag een ander moment ook. Net als veel andere planten in de ficusfamilie houdt een *Ficus elastica* niet zo van verplaatsen. Behandel hem voorzichtig: door plotse veranderingen in temperatuur en licht kan hij zijn blaadjes laten vallen.

Ficus is Latijn voor 'vijg', en net als andere ficussen bevat de Indische rubberboom een melkachtige witte latex, een chemische component die losstaat van zijn plantensap en naar andere cellen

WIST JE DAT

er in India 'levende bruggen' worden gemaakt met de wortels van Ficus elastica*? Er wordt een* Ficus *aan beide kanten van een rivier geplant, en de wortels worden via een holle boomstam (die te zijner tijd wegrot) in de goede richting geleid. Na 10 tot 15 jaar zijn de wortels sterk genoeg voor mensen om erover naar de overkant te lopen!*

∧ Boven op dit dressoir zie je een donkergroene kleinere rubberboom. De boom voegt hoogte en glans toe aan deze groep planten.

WIST JE DAT

*de Indische rubberboom een perfecte soloartiest is die echter ook goed werkt in groepen? Grote, volgroeide planten fleuren elk hoekje op. Mix & match met palmboompjes, vrouwentong (*Sansevieria*) en kleurrijke* Calathea *voor een inspirerende boho-look. Voeg textiel toe met etnische patronen, zoals kelimtapijten en kussens, een paar leren poefjes en een stapel boeken, en je hebt meteen een gezellig leeshoekje.* Ficus elastica *komt ook goed tot zijn recht in monochrome en Scandinavische interieurs. Gebruik één plant als levend beeldhouwwerk en combineer met veel wit en hout.*

wordt vervoerd voor opslag. In het verleden werd deze latex wel gebruikt om er rubber van te maken, maar daarvoor wordt nu vooral de Braziliaanse rubberboom (*Hevea brasiliensis*, van de wolfsmelkfamilie) ingezet: de rubber daarvan is goedkoper te produceren en van hogere kwaliteit. *Ficus elastica* is dus een rubberboom, niet dé rubberboom. Pas wel op: de latex irriteert de ogen en huid en is giftig bij inname.

De glanzende, diepgroene bladeren van de rubberboom zijn een bijzonder aantrekkelijk kenmerk. Deze kunnen wel nogal wat stof aantrekken; houd de bladeren glanzend door ze voorzichtig af te nemen met een zeer zachte doek of spons en wat lauw water.

∧ *Een kleinere* Ficus elastica *groeit in een gewone terracotta pot en ziet er geweldig uit in combinatie met andere kamerplanten op een vensterbank.*

VERZORGINGSTIPS:

Plaats: ideaal is een mooie, helder verlichte plek, maar niet in de volle zon; de plant verdraagt ook iets meer schaduw. Hoe meer zon de plant krijgt, hoe sneller hij groeit en hoe dieper zijn roodachtige tinten worden.

Temperatuur: flexibel. Kamertemperatuur is prima.

Water geven: geef water als de grond vrij droog aanvoelt. Zorg dat de pot voldoende afwateringsgaten heeft zodat overtollig water goed weg kan. Besproei de plant niet. Hangen de bladeren er mistroostig bij, dan is het tijd om water te geven!

Voeding: gebruik om de 14 dagen verdunde vloeibare voeding in lente en zomer.

PLANTPORTRET

CALATHEA

GEBEDSPLANT

Ben je op zoek naar een instant, bladerrijk junglegevoel in je huis, neem dan een *Calathea*. Deze mooie, weelderige plantenstengels uit het Amazonewoud maken een heleboel fascinerend blad aan, met opvallende patronen die de *Calathea* zeer decoratief maken.

Calathea – ook wel 'gebedsplant' genoemd – is er in vele kleuren en patronen, van frisgroen tot dieppaars. De onderkant van de bladeren is wijnrood. Maar deze fantastische, wilde beauty is meer dan een decoratief element voor je huis. Het is ook een natuurlijke luchtzuiveraar en hij reduceert het stressniveau; zo zorgt hij voor een gezonde leefomgeving. Deze feiten maken *Calathea* tot een perfecte groene huisgenoot.

Een ander speciaal kenmerk van *Calathea* is zijn dagelijkse gewoonte om zijn bladeren op te vouwen. Dit is waarom hij wel 'gebedsplant' heet: elke avond vouwt hij zijn bladeren op, op dezelfde manier zoals menselijke handen zich bij het gebed vouwen. 's Morgens vouwen ze zich weer uit en spreiden ze hun glorieuze schoonheid opnieuw tentoon, zodat ze zoveel mogelijk zonlicht kunnen vangen.

WIST JE DAT

het patroon op Calathea lancifolia *(zie foto op blz. 10) eruitziet alsof hij allemaal kleine blaadjes heeft? Dit maakt de plant minder interessant voor herbivoren om te eten, omdat die vaak meer neigen naar grote bladeren. Zo slim is* Calathea *dus!*

> *Spelen met hoogte: planten die je op verschillende hoogten plaatst, zijn geweldige eyecatchers. De grootbladige* Calathea *zet je gewoon op de vloer ernaast; daar komt hij prima tot zijn recht.*

In zijn natuurlijke habitat woont *Calathea* in bosachtig gebied, beschaduwd door bomen, zonder direct zonlicht. Daarom staat hij graag in een warm huis op een lichte maar beschaduwde plek, dus niet in de volle zon. Je *Calathea* blijft gelukkig en gezond als je de bladeren regelmatig besproeit en de grond te allen tijde vochtig houdt. Zorg als het even kan voor een hoge luchtvochtigheid. In onze verwarmde huizen kan het soms moeilijk zijn om de luchtvochtigheid het hele jaar door hoog te houden. Het gebruik van radiatorbakjes met water of een speciale luchtbevochtiger kan een goed idee zijn, maar het helpt vaak ook al als je je *Calathea* bij andere potplanten zet. En wie wil er nu niet zo'n fantastische #plantgang?!

Als je *Calathea* de grond of de lucht toch te droog vindt, laat hij je dat wel weten! Zijn bladeren beginnen te krullen, de bladpunten worden bruin of de bladeren vallen er domweg af. Besproei je plant wat vaker en geef hem meer water, en je *Calathea* zal in no time weer zijn mooie zelf zijn.

Omdat *Calathea* van half tot geheel beschaduwde plekken houdt, is hij ideaal voor een hal, badkamer of slaapkamer met minder licht. Hoewel je misschien liever niet verrast wilt worden (of gewekt) door het geluid van vouwende bladeren in de avond of de vroege morgen.

BADKAMERS MET NATUURLIJK LICHT ZIJN EEN PERFECTE PLEK VOOR *CALATHEA*. DE WARME, VOCHTIGE LUCHT LIJKT OP ZIJN OORSPRONKELIJKE, TROPISCHE HABITAT EN DAT ZORGT VOOR EEN GEZONDE GROEI.

∧ Calathea *profiteert van een groepssituatie, omdat de luchtvochtigheid dan iets hoger is.*

∨ *Een hoek met indirect zonlicht is de perfecte plek voor* Calathea orbifolia.

VERZORGINGSTIPS:

Plaats: halfschaduw tot schaduw, liefst met een hoge luchtvochtigheid.

Temperatuur: kamertemperatuur, van 16 tot 23 °C. Is de temperatuur hoger, houd de grond dan vochtig en besproei de bladeren regelmatig.

Water geven: geef rijkelijk water (twee keer per week) tijdens de groei, zodat de grond vochtig blijft, en besproei de bladeren regelmatig. Geef minder water in de rustperiode: laat de toplaag dan uitdrogen tussen twee gietbeurten in. Lente is de beste tijd voor verpotten. Het blad wordt aan de randen bruin als de lucht te droog is.

Voeding: geef je Calathea veel voeding, om de 14 dagen.

STYLINGTIPS

FICUS ELASTICA & CALATHEA

De rubberboom en *Calathea* komen zowel solitair als in een *plantgang* goed tot hun recht. *Ficus elastica* imponeert met zijn formaat en zijn dikwijls bijzondere groeiwijze, terwijl *Calathea* punten scoort met zijn opvallende bladpatronen en -tinten. Als je voor solitaire planten kiest, neem dan volgroeide exemplaren. Wil je een ensemble van planten, dan kun je volstaan met jongere en kleinere planten.

STYLINGTIP

De rubberboom is in elke omgeving een blikvanger. Zorg wel dat er geen dikke laag stof op de mooie glanzende bladeren ligt. De plant is nog een stuk decoratiever als de bladeren glimmen en glinsteren. Neem ze gewoon één keer in de week af met een vochtige doek. Nog een tip: als je de bladeren schoonmaakt met een mengsel van één deel water en één deel melk, zullen ze een extra blingeffect krijgen dankzij het vet in de melk.

V *Over the top-jungle: als je al je planten bij elkaar zet, creëer je niet alleen een junglegevoel, maar is het ook makkelijker om water te geven en dergelijke.*

∨ *Glans: de bladeren van de rubberboom schijnen minstens zoveel als de koperen lamp.*

VOOR EEN DONKERE MUUR WORDT DE PRACHTIGE CALATHEA EEN LEVEND KUNSTWERK.

STYLINGTIP

Gebedsplanten zijn een goede aanvulling op elke plantgang. Als je veel groene kamerplanten hebt, kun je met een paarse of wijnrode Calathea een vleugje kleur en variatie aanbrengen. Kleurrijke en mooi getekende variëteiten van Calathea komen vooral goed tot hun recht tegen gekleurde muren, zoals grijs, poederroze of indigo.

∧ *Calathea's gedijen bij indirect licht, zoals in dit hoekje in de keuken..*

∨ *Calathea houdt van een hoge luchtvochtigheid. Arrangementen met verschillende kamerplanten creëren een microklimaat met een iets hogere luchtvochtigheid, wat zowel voor de planten als de kamer gunstig is.*

THUIS BIJ

MORGANE & ARMAND

Toulouse / Frankrijk

EEN GROEN NEST IN TOULOUSE

Wat hebben wol en planten met elkaar gemeen? Ze brengen allebei warmte en leven in een huis. In Toulouse, de *ville rose* (roze stad) in Zuid-Frankrijk, is Morgane met haar zoon Armand net in een nieuw appartement getrokken. Wol en planten vormen de rode – of misschien kunnen we beter zeggen: groene – draad die door hun levens en hun huis loopt.

∨ *Familiegeluk: Morgane en Armand in hun groene huis in de roze stad Toulouse.*

Morgane groeide op in een omgeving vol onvoltooide breiprojecten en wollen dekens van haar moeder, evenals planten die continu werden geruild en uitgewisseld met familieleden. De vrouwen in haar familie hadden altijd breinaalden en planten binnen handbereik. Haar tante was kweekster en nam Morgane mee naar plaatselijke markten om tuinplanten te verkopen, en haar moeder leerde haar planten te herkennen aan hun bloemen en bladeren.

Dit werd een natuurlijke manier van leven: waar ze ook gaat, haar ogen zijn altijd op zoek naar interessante planten en stekjes die ze mee naar huis kan nemen om ze zelf verder op te kweken. De planten maken het appartement van haar en Armand tot een levendige oase.

PLANTEN ZIJN HET VERBINDENDE ELEMENT BINNEN MORGANES FAMILIE. EN ARMAND HEEFT ZIJN MOEDERS LIEFDE VOOR PLANTEN OOK GEËRFD.

< *Vanwege de beperkte ruimte hangen Oxalis en Pilea hier boven elkaar.*
v *Zelfs in de kleine keuken voelen planten zich thuis.*

Gezellig bij elkaar: de vioolbladplant (ook wel 'tabaksplant' genoemd) voert de boventoon en heeft als toehoorders verschillende vetplanten, Pilea, Oxalis *en een kleine, zelf opgekweekte avocadoplant.*

MORGANE HEEFT EEN PAAR PLANTEN VAN HAAR MOEDER GEËRFD. DIE ZIJN HAAR HEEL DIERBAAR.

Toen Morgane op zoek ging naar een ander appartement, was een van haar criteria dat het een lichte plek moest zijn, liefst met een kleine buitenruimte: dat zou ideaal zijn voor de plantencollectie die zij door de jaren heen had opgebouwd. En dat was precies wat ze vond: een licht appartement met genoeg ruimte voor Armand om te spelen, voor haar planten, en voor zichzelf om aan creatieve projecten te werken. Om optimaal van het licht te kunnen profiteren, hangen er geen gordijnen – en haar planten reageren daar dankbaar op.

Morgane verdeelt haar tijd tussen werken als diëtiste in een ziekenhuis en werken als creatieve professional. Ze ontwerpt DIY-projecten voor merken en bedrijven en gebruikt daarbij vaak haar favoriete materialen: wol en planten. Omdat ze vanuit huis werkt, zijn al haar creatieve gereedschappen, zoals een weefgetouw, breinaalden, bollen wol en scharen, automatisch onderdeel van het decor. Ze breit zelfs weleens plantenpotten!

GOED IDEE

Het botanische thema komt overal in dit huis terug. Planten hangen zij aan zij met papieren slingers met bladpatronen en prachtige botanische lijstjes met bladeren (zie DIY-instructies op blz. 118).

> *In de slaapkamer hangt een relaxte atmosfeer met botanische kunst.*

^ *De papieren slinger is van de Franse kunstenares Virginie Sannier-Dorémieux (Mi-avril).*

< *Kasten gemaakt van kratten of kisten bieden veel ruimte voor zowel wol als planten.*

∨ *Een wildwestsfeer in Armands kamer: een speeltent, zijn knuffeldieren en natuurlijk planten fleuren zijn kamer op.*

De favoriete planten in Morganes collectie zijn die van haar overleden moeder. Zij vormen een vrolijke erfenis die tegelijk de herinnering levend houdt aan haar moeder – Armands oma. De grote *Rhipsalis*-cactus op een plank in de woonkamer deed het niet heel goed in het huis van moeder, enkele jaren geleden. Zij en haar broer kregen elk een stek, en allebei zijn deze uitgegroeid tot sterke, gezonde exemplaren. De *Rhipsalis* maakt nu deel uit van een verzameling met vintage potjes, meer wol en garen, kleine objecten, vaasjes met gezichten en enkele vintage beeldjes, die allemaal karakter toevoegen aan de mooi gestylede planken.

Her en der vind je in het huis geüpcycled Duralex-glaswerk. Op vlooienmarkten en in kringloopwinkels in Frankrijk zijn Duralex-glazen en -schalen makkelijk te vinden. Als je ze met matte spuitverf behandelt, zien ze eruit als keramiek. De glazen zijn ideaal voor kleine cactussen, en de schalen vormen prima plantenschotels.

UPCYCLEN VOOR PLANTEN: BESPUIT VINTAGE DURALEX-GLAZEN MET VERF EN JE KRIJGT UNIEKE, CREATIEVE PLANTENPOTJES.

> *Armand stoeit natuurlijk graag – maar hij let altijd goed op zijn moeders planten!*

DE PLANTEN VERZORGEN IS MIJN WEKELIJKSE RITUEEL. HET IS MIJN PERSOONLIJKE TIME-OUT.

< *Morganes Monstera deliciosa strekt zich uit om wat extra zonnestralen op te vangen.*
v *Hier combineert ze haar liefde voor wol en planten in een zelf gebreid jasje om de cactuspot.*

v *Morgane bekleedde de lades van een vintage kastje met stof met een botanisch patroon en creëerde zo dit pronkstuk voor in de woonkamer.*

GOED IDEE

Upgrade een vintage meubelstuk eens met een botanisch thema. De lades of deuren van kastjes kun je makkelijk bekleden met stof of restjes behang met een botanische print. Daarmee geef je een oud meubel een geweldige look!

Het huis van Morgane en Armand voelt als een gezellig nestje. In plaats van een bank heeft Morgane gekozen voor een bed in haar woonkamer. Daar liggen allemaal warme dekens, kussens en Armands beren op. Ze heeft het appartement verder aangekleed met haar eigen creaties, een paar tekeningen van Armand en handgemaakte stukken van goede vrienden, zoals de Chapoleone-hoeden op de muur (van Camille Agar), de papieren Mi-avril-slinger (van Virginie Sannier-Dorémieux) en kaarten van Saar Manche (die ook de illustrator van dit boek is) en Audrey Jeanne.

Morgane heeft een zwak voor *Sedum* en *Aeonium*; ze koopt regelmatig een exemplaar van een soort die ze al heeft, gewoon omdat ze die niet kan weerstaan. Tussen de volgroeide planten staan vazen met stekjes die in het water nieuwe worteltjes aanmaken. Deze kleintjes staan te wachten om met plantenliefhebbers om Morgane heen te worden gedeeld. Een van de planten die het prima naar zijn zin heeft bij zulke uitwisselingsprojecten, is *Pilea peperomioides*, de pannenkoekplant. Dit is een echte superster aan het worden onder stylingbloggers. Als je daarvan een klein stekje aan iemand geeft, geef je diegene een teken van geluk. De behoorlijk grote *Pilea* in de plantenhanger is de moederplant van Morganes andere *Pilea*, op de krattenkast. Het is sowieso een van Morganes favoriete planten, juist omdat de kleintjes van deze plant bij andere mensen thuis zo makkelijk verder groeien.

KLEINE PLANTJES KWEEK IK GRAAG OP IN GLAZEN POTJES. ZO FUNGEREN ZE ALS PERSOONLIJKE GROENE CADEAUTJES VOOR FAMILIE EN VRIENDEN. VOORAL *PILEA PEPEROMIOIDES* HEEFT HET MET DEZE OPLOSSING ERG NAAR ZIJN ZIN.

↗ *Speelse details tussen een Rhipsalis en klossen met garen.*
> *De groene Oxalis ziet eruit als een eindeloos doorgroeiende geluksklaver.*

< Morgane geniet van de rust tijdens de wekelijkse verzorgingsssessies.
v Wol en planten, waar je ook kijkt.
> Viva Mexico! Armand kent de planten ook goed en weet dat cactussen kunnen prikken. Toch staat er voor de zekerheid een 'kooi' om deze Trichocerus...

De planten water geven is een wekelijks ritueel dat Morgane graag zelf doet. Armand helpt haar weleens, maar ze is zo gehecht aan haar planten dat ze toch liever zelf voor ze zorgt. Het is een heel relaxte activiteit waar ze rustig van wordt. Af en toe geeft ze de planten een schep verse organische meststof of natuurlijke korrels om haar planten gezond en in vorm te houden. (Ze gebruikt geen vloeibare meststof, omdat ze de lucht in het appartement zo gezond mogelijk wil houden.)

De enige plant die Morgane nog (hoog) op haar verlanglijstje heeft staan, is een grote olifantsoor (*Alocasia*). Zij en Armand brengen geregeld een bezoekje aan kwekerijen en tuincentra in de buurt van hun stad, Toulouse, en telkens als ze daar een olifantsoor ziet staan, vindt ze dat deze plant een geweldige aanvulling zal zijn. Maar tot het moment dat ze tot aankoop overgaat, zal ze eerst goed voor haar honderd andere planten zorgen.

Morganes liefde voor planten is al overgeslagen op Armand: bij kwekerijen en tuincentra wijst hij zijn moeder er vaak op dat ze een bepaalde plant 'nog niet hebben' en dat ze deze 'dus mee naar huis moet nemen'. Hij is ook heel voorzichtig met de planten: hun huis is een veilige haven voor álle bewoners.

→ Meer over Morgane op www.morganours.com

WIST JE DAT

Oxalis eetbaar is? De bladeren en bloemen kunnen zowel rauw als gekookt gegeten worden en hebben een lichtzure smaak. Maar pas wel op: Oxalis is giftig voor katten!

v Weven is Morganes tweede grote passie. Ze weeft decoratieve muurhangers voor haar eigen huis en voor cliënten.

EXPERTTIPS

5 VRAGEN
VOOR MORGANE

1 Waar komt jouw liefde voor planten vandaan?
Planten zijn altijd een natuurlijk onderdeel van mijn leven geweest. In mijn jeugd stonden in ons huis overal planten en stekjes, en ook in de huizen van familieleden. Het is een onderdeel van onze familietraditie om planten en stekjes uit te wisselen.

2 Wat betekenen planten voor je?
Ze voelen als goed gezelschap en brengen leven in een huis.

3 Hoe zou je de styling van je huis/interieur beschrijven? Ben je doelbewust bezig met een bepaalde stijl?
Ik weet niet of er een naam is voor mijn interieurstijl. Het is een mix van bohemian, Scandinavisch, romantisch, eigentijds, kleurrijk en vintage - hoewel minder vintage dan een paar jaar geleden. Ik wilde graag een lichtere en modernere stijl in dit nieuwe appartement. Maar ik zal niet snel kiezen voor minimalistisch.

4 Als je op zoek gaat naar een nieuwe plant, waar let je dan op? En waar zoek je?
Ik houd altijd en overal een oogje op alles om me heen wat groeit! Bij nieuwe planten laat ik me graag verrassen door een mooie vorm of kleur. Ik zoek niet naar iets zeldzaams, maar naar iets leuks wat een big smile op mijn gezicht tovert.

5 Je hebt prachtige plantenpotten in je huis staan. Waar vind je die?
De meeste van mijn potten komen uit kringloopwinkels en van rommelmarkten. Ik ben dol op oude terracotta potten waar zich mineralen op afgezet hebben; ik heb juist liever dat ze karakter hebben dan dat ze 'perfect' zijn. Voor mijn verjaardag kreeg ik een grappige pot met borsten van Group Partner (zie blz. 114) en ik vind het ook heerlijk om tweedehands Duralex-glasgoed te decoreren met spuitverf. Ik gebruik het liefst matte spuitverf, waardoor het op keramiek gaat lijken (zie blz. 104).

STYLINGTIP

Kindermeubels van rommelmarkten als alternatief voor een plantenkrukje? Tuurlijk, waarom niet!

MAAK JE EIGEN BOTANISCHE LIJST

Benadruk de grafische schoonheid van een plantenblad door het in te lijsten; dat gaat heel makkelijk met dit DIY-project.

∨ Geïnspireerd op de transparante lijstjes van het Deense merk Moebe creëerde Morgane deze plantenafbeelding met twee vellen plexiglas, dikke zwarte tape en een kunstblad.

JE HEBT NODIG:

- *twee identieke vellen plexiglas (acrylglas)*
- *zwarte gaffertape of dikke washitape. Als de tape te dun is, zullen de plexiglasranden er zo doorheen snijden*
- *een namaakblad (stof of zijde). Je kunt ook een echt blad gebruiken, maar het resultaat blijft minder lang zitten en het blad kan verpulverd worden tussen de glasvellen. Een goed natuurlijk alternatief is een gedroogd blad*
- *schaar*

(1) *Haal het ijzerdraad en de plastic stengels van het namaakblad. Het blad moet zo dun mogelijk worden.*

(2) *Leg het blad op één vel plexiglas. Leg voorzichtig het tweede vel erop. Kijk uit dat je je vingers niet snijdt aan de glasranden.*

(3) *Tape de randen van de twee vellen glas aan elkaar. Begin bij de twee lange zijden van je lijstje. Knip de tape in de hoeken netjes af. Eindig met de twee korte kanten van het lijstje.*

(4) *Alweer klaar! Bewonder het resultaat en geef je plantenlijstje een mooi plekje op een wandplank.*

PLANTPORTRET

TRADESCANTIA

VADERPLANT

Tradescantia behoort tot de familie Commelinaceae en is een geslacht waar zowel hangende als klimmende kamerplanten toe behoren, zoals *Tradescantia zebrina*, *T. pallida* en *T. spathacea*. De driebladige eendagsbloemen zijn meestal blauw tot paars, maar kunnen ook roze, wit of rood zijn.

∨ *Mooi en speels – de kleuren van Tradescantia passen perfect bij de aardetinten en vintage keramiek.*

Elke bloem van *Tradescantia* bloeit maar één dag: hij opent zijn bloembladen in de morgen en sluit ze tegen de avond. Planten met meerdere bloemen zullen in de zomer echter 4 tot 6 weken continu bloeien. De kamerplanten van het geslacht *Tradescantia* hebben hun populariteit deels te danken aan hun bijzondere kleuren en patronen, die een mooie toevoeging zijn aan het overwegend groene plantenspectrum. De planten hebben diep wijnrode tot paarse tinten en bijvoorbeeld zebrastrepen (*T. zebrina*). *T. pallida* biedt een fantastische aanblik met zijn bijzondere kleuren, glimmende reflecties en alle schakeringen paars en groen. *Tradescantia* is een overblijvende, kruidachtige plant uit Oost-Mexico en tevens een populaire kamerplant en een borderplant voor in de tuin.

WIST JE DAT

de mooie kleuren van Tradescantia afhankelijk zijn van zijn plaats en verzorging? Als de plant niet genoeg zonlicht krijgt, of te veel voeding, worden zijn bladeren groen en verliezen ze hun unieke look. Zorg dus dat de plant genoeg licht krijgt en wees zuinig met meststof!

Vaderplanten zijn kamerplanten die weinig eisen stellen. Behalve veel licht, liefst direct zonlicht, vragen ze niet veel bijzonders. Je kunt gerust vasthouden aan het motto 'minder is meer'. Minder water, minder voeding en je *Tradescantia* zal gelukkig zijn. De plant is ook heel eenvoudig te vermeerderen: je kunt nieuwe plantjes zonder al te veel moeite opkweken uit stek. Al na korte tijd zal een jonge plant of stek flink gaan groeien. Eerst heeft de plant een opwaartse groeiwijze, maar onder het gewicht van de bladeren zal hij zijn stengels in alle richtingen laten zakken. Daarom is *Tradescantia* juist heel geschikt voor hangmanden of op wandplanken. Sommige mensen zeggen dat deze plant net onkruid is. Maar wij als echte plantenliefhebbers vinden de wilde junglelook van een grote, gezonde *Tradescantia* juist een voordeel!

↖ *Styling: oker, blauw en het donkere paars van een* Tradescantia *vormen een evenwichtig visueel geheel voor een grijze muur.*

∧ *Detail: de bladeren hebben tinten van donkergroen tot dieppaars.*

> *De bloemen van* Tradescantia *zijn klein, fragiel en meestal zachtroze of paars.*

VERZORGINGSTIPS:

Plaats: zeer licht, zelfs in de volle zon. Perfect voor ramen op het zuiden en voor hangmanden.

Temperatuur: kamertemperatuur. Deze plant verdraagt geen vorst.

Water geven: spaarzaam, en pas als de bovenlaag van de grond volledig droog is. Geef in de winter minder vaak water.

Voeding: geef in de zomer één keer per maand vloeibare voeding: de helft van de aanbevolen dosis.

PLANTPORTRET

PILEA PEPEROMIOIDES

PANNENKOEKPLANT

Dit is een wel heel bijzondere plant. *Pilea* is een echte superster onder bloggers. Hij heeft een plaatsje in blogs overal ter wereld gekregen. Eerst figureerde hij in Scandinavische designblogs en al snel speelde hij een hoofdrol in allerlei internationale blogs over interieurstyling.

< *Hier vult Pilea een op de natuur geïnspireerd stilleven mooi aan.*

V *De ronde blaadjes staan op stengeltjes die frivool alle kanten op groeien. Een Pilea is mede daarom een echte eyecatcher op elk kastje.*

De grappig uitziende plant met zijn ronde blaadjes, die een beetje lijken op pannenkoeken (vandaar de Nederlandse naam 'pannenkoekplant'), werd ineens een ware hype op social media. Dat maakte mensen nieuwsgierig: wat voor plant is dit? Hoe kom ik eraan? Dat laatste was nog best lastig: *Pilea* zie je niet zo vaak in tuincentra. Maar dat begint te veranderen.

Pilea peperomioides behoort tot de brandnetelfamilie, de Urticaceae. Zijn oorspronkelijke habitat is de provincie Yunan in Zuid-China. Daar gedijt Pilea op beschaduwde, vochtige plekken in hoger gelegen bossen. Het is een zeldzame soort in de natuur. Als kamerplant is hij overal ter wereld zeer populair, ondanks dat hij in

WIST JE DAT

Pilea *ook wel 'missionarisplant' wordt genoemd? Een Noorse missionaris bracht het eerste exemplaar mee van China naar Noorwegen, toen hij in 1944 China moest verlaten. In Noorwegen gaf de missionaris stekjes aan geïnteresseerde vrienden en familie.*

tuincentra en bij kwekerijen soms net zo moeilijk te vinden is als in de vrije natuur. De pannenkoekplant is een kamerplant die niet al te veel eisen stelt, maar hij gedijt wel het best bij een constante kamertemperatuur. Houd de plant 's winters bij voorkeur rond de 10 °C om zijn bloei aan te moedigen, iets wat overigens ook weer zelden voorkomt binnenshuis. *Pilea* krijgt het liefst regelmatig water, maar houdt niet van natte voeten. Een ander groot voordeel van deze plant is dat hij makkelijk te vermeerderen is – zo makkelijk dat tuincentra hem misschien daarom wel zo weinig aanbieden. De plant maakt constant nieuwe uitlopers aan met plantjes die je makkelijk van de moederplant kunt scheiden en aan vrienden of familie kunt geven als een groen cadeautje.

∧ *Botanisch trio: een* Dracaena, *een* Pilea *en een botanische print zorgen samen voor een coherent plaatje.*

> Pilea *maakt veel uitlopers aan waarop sterke, jonge plantjes groeien.*

VERZORGINGSTIPS:

Plaats: licht of halfschaduw. In de halfschaduw zullen de bladeren groter worden. In ideale omstandigheden kunnen deze groeien tot het formaat van je handpalm.

Temperatuur: kamertemperatuur. Om de bloei te stimuleren kun je 's winters het best een temperatuur van 10 °C aanhouden.

Water geven: doe dit regelmatig, maar vermijd kletsnatte grond. Laat de grond evenmin uitdrogen. Van te veel water gaan de wortels rotten, en van te weinig worden de blaadjes geel en die zullen er uiteindelijk af vallen.

Voeding: gebruik 's zomers vloeibare voeding.

STYLINGTIPS

TRADESCANTIA & PILEA

Pilea is een mooie accentplant op elke wandplank, vensterbank of kast. Met zijn lange stengels en ronde blaadjes heeft hij een heel decoratieve uitstraling die past bij elk interieur. *Tradescantia* heeft een heel ander karakter, maar weet met zijn rijke kleuren en patronen eveneens de aandacht te trekken. Goed om te weten: beide soorten zijn ook heel geschikt als hangplant!

WIST JE DAT

Pilea peperomioides *tot in de jaren 80 van de vorige eeuw praktisch onbekend was bij botanici? De vroegste bekende gepubliceerde foto van de plant verscheen in het Engelse tijdschrift* Kew *in 1984.*

∧ *De verfijnde Pilea staat ook mooi op een plank in de keuken. Plant hem in een mok of iets dergelijks om hem nog beter bij je keukenspullen te laten passen.*

↗ *Gelukkig trio: de teckel houdt wel van groen gezelschap. Schattig idee: doe de opgepotte Pilea in een papieren zak voor een bijzondere look.*

PILEA IS HEEL GESCHIKT VOOR EEN BOTANISCH FAMILIEPORTRET. HAAL DE JONGE PLANTJES VAN DE UITLOPERS VAN DE MOEDERPLANT EN ZET ZE IN EIGEN POTJES. ZET DE POTJES BIJ ELKAAR, SAMEN MET DE MOEDERPLANT, EN JE HEBT EEN GRAPPIGE, GROENE 'FAMILIEOPSTELLING'!

^ *Een opvallende plantenstyling met een collectie van vintage keramiek op een wandkastje van touw, en hangplanten in macraméhangers.*

V *Style je trolley eens met planten in plaats van met flessen en glazen. Met zijn rankende stengels en kleurige bladeren is Tradescantia hiervoor een ideale keuze.*

< *Lekker retro: een tweede leven voor oude blikken als plantenhangers – hier in het huis van de Nederlandse illustrator Ruth Hengeveld.*

v *Van klein naar groot: babyplantjes in terracotta potjes, een terrarium en een wilde* Tradescantia *staan samen speels op een dressoir.*

v *Ton sur ton: een jonge* Tradescantia *naast een paarse* Echeveria, *met een bijpassende amethist.*

ALS JE *TRADESCANTIA* HEBT GEKOZEN OM ZIJN INTENSE KLEUREN, ZORG DAN DAT HIJ GENOEG ZONLICHT KRIJGT. ALLEEN DAN KOMT DE PLANT GOED UIT DE VERF EN KUN JE GENIETEN VAN ZIJN KLEURENPRACHT.

THUIS BIJ

FEM, SAN & SEZER

Istanbul / Turkije

EEN GROEN PARADIJS BOVEN DE DAKEN VAN ISTANBUL

In Istanbuls bladerrijke en heuvelachtig district Besiktas, aan de Europese kant van de Turkse megalopolis, ontvouwt zich een vrij uitzicht over de Bosporus richting Azië. Het is echter niet het fantastische uitzicht dat ons naar het bedrijvige Istanbul heeft gelokt, maar het huis van Fem Güclütürk en haar samengestelde, groene 'patchwork'-familie bestaande uit zoon San, partner Sezer en circa zeshonderd kamerplanten!

^ *Een groen familieparadijs in Istanbul: dit samengestelde gezin bestaat uit Sezer, plantenexpert Fem en haar zoon San.*

Fem is een dame met een aanstekelijke lach. Haar sprankelende levensenergie is bijna tastbaar als ze in levenden lijve voor je staat. Ook haar liefde voor planten is tastbaar. Deze liefde is niet alleen haar professionele leven gaan bepalen – als oprichtster en manager van haar plantenstudio Labofem – maar haar héle leven.

Na een bliksemcarrière in de pr en een aantal veranderingen in haar persoonlijke leven besloot Fem de sprong te wagen en haar leven helemaal op zijn kop te zetten. Ze liet de pr-wereld achter zich met niets meer dan een industrieel krukje dat ze zo mooi had gevonden op kantoor (nu een plantenkrukje, uiteraard) en ze volgde haar passie. Ze opende een plantenstudio met de naam Labofem; eerst in haar appartement als een soort 'open studio'. Deze situatie nam echter haar volledige privéleven in beslag – er stonden overal planten, en er wilden de hele tijd mensen langskomen. Daarom besloot ze haar privé- en zakenleven uit elkaar te halen door in de buurt een plantenstudio te openen. Hoewel werk en privé nu gescheiden zijn, wordt haar leven op beide plekken nog altijd gedomineerd door planten.

MIJN HUIS WAS LANGE TIJD OOK EEN OPEN PLANTENSTUDIO. NU RUN IK MIJN PLANTENSTUDIO ONDER DE NAAM LABOFEM NIET VER VAN ONS HUIS.

> Fems winkel Labofem is een en al groen. Van hangende mosballen (kokedama) tot planten met grote bladeren en intrigerende terrariums: iedere plantenliefhebber vindt hier wel iets van zijn gading.

^ Kom binnen: de deuren van plantenstudio Labofem zwaaien open om enthousiaste plantenliefhebbers uit Istanbul en de rest van de wereld te verwelkomen.

GOED IDEE

Gebruik als potten eens voorwerpen die daar eigenlijk niet voor bedoeld zijn. Zet kleine cactussen en vetplanten bijvoorbeeld in vintage keramieken mokken van de vlooienmarkt, in oude koffiekopjes of grote schelpen. Zelf terracotta potten beschilderen is ook leuk. Of je nu alles in één stijl wilt houden of dol bent op mix & match: het resultaat is op deze manier altijd origineel en uniek!

De moderne studio is een integraal onderdeel van Fems dagelijks leven geworden. Dit is de plek waar ze creatieve plant-potcombinaties bedenkt, haar shop heeft (ook online) en klanten, plantenliefhebbers, zakenpartners en keramisten ontmoet. Maar wat je in haar ogen ziet glinsteren, gaat niet over zaken – het is liefde voor planten en een diep respect voor ze als levende wezens. Ze praat over ze alsof het haar kinderen zijn en geeft eerlijk toe dat ze het soms lastig vindt gescheiden te worden van de planten die ze verkoopt. Haar studio barst van de planten, van kleine cactussen en vetplanten tot varens, grappige luchtplantjes en bladerrijke philodendrons, allemaal gecombineerd met ongewone en vaak unieke potten van – meestal – plaatselijke keramisten. Fem heeft duidelijk ideeën over hoe haar plant-potcombinaties eruit moeten zien en geeft gedetailleerde instructies aan de keramisten met wie ze samenwerkt. Soms pakt ze zelf de kwast om conventionele plantenpotten stijlvol te beschilderen. Hoewel ze alleen planten binnen de metropool Istanbul verkoopt, verwelkomt ze plantenliefhebbers uit de hele wereld die naar Labofem toe komen. Bij plaatselijke klanten die online bestellen, levert Fem de planten persoonlijk af: daarvoor trotseert ze op haar Vespa het drukke verkeer van Istanbul.

MIJN PLANTEN REIZEN HEEN EN WEER TUSSEN MIJN STUDIO EN MIJN APPARTEMENT – MAAR IK LET ALTIJD OP HUN BEHOEFTEN!

Planten zijn het verbindende element tussen Fems studio en haar huis. Het appartement beslaat twee verdiepingen, met grote balkons

↗ Kleine cactussen in handgemaakte keramieken potten, gemaakt door een selecte groep Turkse keramisten.

> Grafische patronen en felle kleuren zijn gecombineerd met neutrale tinten.

< *Op de vintage houten tafel staat een schitterende collectie cactussen, vetplanten en handgemaakte terracotta potten van Fems laatste reis naar Sri Lanka.*
V *Op de bovenverdieping van haar huis bewaart Fem spullen voor de dagelijkse plantenverzorging.*

die over de Bosporus uitkijken. Voor Fem Güclütürk is haar huis een eclectisch juweel en een visueel 'visitekaartje'. Honderden planten staan er in de kamers, afgewisseld met memorabilia van haar vele reizen naar Afrika, Azië en Zuid-Amerika. De afwezigheid van planten is een ondenkbaar concept in Fems beeld van een gelukkig leven. Volgens haar is het geheim achter het succesvol samenleven met planten dat je een diep respect voor ze hebt en naar ze luistert. 'Hoewel planten stille levende wezens zijn, kun je leren naar ze te luisteren,' legt ze uit. Haar planten zijn veel meer dan een decoratief element: ze observeert ze en neemt elke verandering die ze laten zien, waar. 'Iedereen zou moeten proberen te begrijpen wat een plant zegt,' aldus Fem.

Met honderden planten kost de verzorging een paar uur. Gelukkig is Fem een vroege vogel: ze staat op tussen 5.00 en 6.00 uur, vóór de rest van het gezin. Die vroege uren besteedt ze aan haar planten: ze loopt ze allemaal na, geeft water of besproeit ze zo nodig, maakt ze schoon en verwijdert verwelkt blad. De verzorgings-

WIST JE DAT

sommige planten door de zon kunnen verbranden? Laat je planten in de zomer niet zonder bescherming in de volle zon staan. Een licht gordijn of een jaloezie biedt dan uitkomst.

IK ZIE MIJN PLANTEN NIET ALS DECORATIEVE OBJECTEN. IK KIJK EERDER NAAR ZE MET ZORG EN AANDACHT – ZOALS IK OOK NAAR MIJN DIERBAREN KIJK.

IEDEREEN ZOU DE TAAL VAN PLANTEN MOETEN LEREN. IK PRAAT NIET MET MIJN PLANTEN – IK LUISTER NAAR ZE.

^ *Junglekoorts in de slaapkamer: een vintage mannequin, oude leren koffers en een bossige* Dracaena reflexa *worden vergezeld door enkele grote potten met cactussen. Het slaapkamerbalkon is gereserveerd voor cactussen en vetplanten. Vooral* Echeveria *lijkt het erg naar zijn zin te hebben op deze doorluchte locatie.*

∨ *Op het balkon van de slaapkamer staan cactussen en vetplanten. Vooral Echeveria doet het hier goed.*

^ *Het loungegedeelte is ideaal voor planten die van half-schaduw houden.*

> *Floreren in vrijheid: deze Syngonium krijgt hier alle ruimte om zijn groene armen te spreiden.*

sessie gaat door tot circa 10.00 uur, met daarin een pauze voor een vrolijk gezinsontbijt: dat werkt voor Fem als een energieboost. Later vertrekt ze naar haar studio om daar verder te gaan met haar groene missie.

Het is geen ongewoon beeld dat Fem met planten heen en weer laveert tussen haar huis en haar studio. Soms neemt ze ze mee naar huis voor extra zorg en lichttherapie, want haar huis heeft een betere lichtsituatie dankzij de dubbele verdieping. Op de bovenverdieping heeft ze een speciale ruimte waar ze planten verpot en ze vertroetelt als ze tekenen van zwakte vertonen. Zelfs vrienden brengen hun kwijnende planten naar haar huis voor wat extra zorg. Het grote balkon zorgt voor nog meer ruimte en voor frisse lucht en zonlicht, en dit is ook de plek waar Fem een paar groenten, kruiden en wat aardbeien verbouwt. De benedenverdieping is gereserveerd voor het gezinsleven, omringd door nog meer planten en bijzondere souvenirs van allerlei reizen.

STYLINGTIP

Bij stylen met planten is het de combinatie – van kleuren, vormen, formaten en texturen – die het verschil maakt. Onthoud dat je niet alleen met potten, maar zeker ook met de planten zelf, veel visueel effect kunt bereiken. Denk aan glanzende bladeren gecombineerd met doornige cactussen of gemarmerde bladpatronen. Zet in het begin alles bij elkaar en haal dan een voor een weg wat er niet bij past. Het resultaat zou een zorgvuldig samengestelde compositie moeten zijn met één visueel hoogtepunt: een dominante plant, een bijzondere pot of een ander pronkstuk.

IK HEB ER JAREN OVER GEDAAN OM MIJN PLANTENCOLLECTIE OP TE BOUWEN. IK KAN ME ONS HUIS NIET ZONDER PLANTEN VOORSTELLEN.

^ Cactus Symphony No. 9: *kunst, planten en muziek komen prachtig samen in deze compositie.*

IK HOUD VAN PLANTEN EN RES-
PECTEER ZE. EEN HUIS ZONDER
PLANTEN IS VOOR MIJ ALS EEN
DEPRIMERENDE, LEGE WOESTIJN.

GOED IDEE

Plantenverzorging is leuker met mooie spullen. Investeer in stijlvolle accessoires voor de verzorgingssessies: een bijzondere gieter of tuinschaar, kleine schepjes, waterbollen en meer. De verzorging wordt op die manier een karweitje om naar uit te zien!

↖ Het dakterras is een echte urban jungle die over de nabije Bosporus uitkijkt.
∧ Fem behandelt haar planten met veel liefde en respect.
< Op het terras staan kamerplanten, klavers en aardbeien gewoon door elkaar.

Een bezoekje aan Fem in Istanbul, of dat nu bij haar thuis is of in haar studio, laat een blijvende indruk achter. Haar passie voor planten en haar respect voor ze, evenals het energieke, gezellige gezinsleven bij haar thuis, werken enorm aanstekelijk. De bezoeker vraagt zich af: komt deze ongelimiteerde bron van energie van de vele blije planten of van Fems levendige persoonlijkheid? Eén ding is zeker: de energie van allen komt samen in dit warme, groene huis. En dat heeft bijna iets poëtisch en vanzelfsprekends in een stad als Istanbul, waar ook Europa en Azië samenkomen.

EXPERTTIPS

5 VRAGEN VOOR FEM

1 Waar komt je liefde voor planten vandaan?
In Turkije hebben we van oudsher een speciale band met planten en natuur. De levensboom is nog steeds onderdeel van onze Anatolische cultuur. Onze overgrootmoeders en -vaders waren sjamanen. We hebben ook nog steeds enkele bijgeloven: symbolen en gewoonten waarvan we denken dat ze deel uitmaken van onze moslimreligie, maar die dat niet zijn. Ze zijn echter opgenomen in ons dagelijks leven en door de jaren heen een gewoonte geworden: dingen als gekleurde touwen om bomen knopen, afkloppen op hout, kelims met wilde dieren in je huis leggen, enzovoort. Onze voorouders leefden in harmonie met de natuur en respecteerden haar. Ons land is heel vruchtbaar, dus gingen we vanzelf in en mét de natuur leven. Maar door de migratie naar grotere steden en de opkomst van de technologie verloor onze generatie het contact met de natuur. We kijken nu naar het weerbericht als we willen weten welk weer het wordt in plaats van naar de lucht. Wat dom! Nu moeten we allemaal opnieuw leren hoe je alle levende wezens en de aarde met liefde en respect behandelt. Mijn liefde voor planten is voor mij en mijn gezin een natuurlijke levenswijze.

2 Wat betekent leven met planten voor jou?
Ik vind ze boeiender dan menselijke wezens. Planten kunnen zonder ons overleven, dat doen ze al miljoenen jaren, maar mensen en dieren kunnen geen dag zonder planten. Ze hebben fantastische manieren om zich aan te passen en te vermenigvuldigen en ze zijn natuurlijk prachtig. Ze zijn stil, en toch kun je ze horen als je luistert. Ik hou van ze en respecteer ze enorm. Een huis zonder planten is voor mij als een woestijn: leeg, doods, zielloos.

Je woont en werkt met planten in je huis en in je studio.
3 Is er voor jou verschil tussen thuis en werk?
Ze vullen elkaar aan, eigenlijk. De ramen van mijn huis kijken uit op zowel oost als west, dus komen planten van de schaduwrijke studio soms mee naar huis voor lichttherapie. Tot 2014 verkocht ik de planten vanuit mijn 'openhuisappartement'. Maar na een tijdje namen de planten het huis volledig over. Wij waren gasten in ons eigen huis en we konden geen kant meer op. Daarom besloot ik een studio te openen, niet ver van huis. Nu voelt mijn huis weer intiem en is de studio echt 'werk'.

Welke planten heb je thuis?
4 Je hebt mijn woning gezien: ik heb ongeveer zeshonderd potten met verschillende planten in huis staan... Het is onmogelijk ze allemaal te noemen. Tot de grotere exemplaren behoren verschillende soorten Monstera, palmen, *Dracaena*, *Sansevieria*, *Caryota mitis*, *Euphorbia*...

Heb je een favoriete plant? Zo ja, waarom?
5 Ik stel mezelf die vraag ook vaak. Het is een beetje alsof je me vraagt welk eten ik het lekkerst vind of welke reisbestemming het leukst -moeilijk te zeggen! Ik vind de groeiwijze van varens geweldig. Ik ben dol op tropische planten, palmen en philodendrons (vanwege het blad). Ik heb respect voor de levenskracht van vetplanten en houd van kruiden om hun geneeskracht. De lijst is eindeloos!

KOKEDAMA

Blogger en stylist Tiffany Grant-Riley van de blog Curate & Display laat ons hier zien hoe je je eigen kokedama, oftewel Japanse mosballen, maakt.

^ *Japanse mosballen, ook bekend als kokedama, zijn perfecte oplossingen voor vochtminnende planten als varens of klimop.*

JE HEBT NODIG:

- *vochtminnende planten, zoals varens en klimop*
- Sphagnum *(veenmos)*
- *universele potgrond*
- *bonsaigrond of akadama*
- *(tuin)touw of dun koord*
- *plaatmos*

1. *Haal voorzichtig het teveel aan grond van de wortelkluit van de plant. Wikkel het wortelstelsel in vochtig veenmos.*

2. *Schep gelijke delen potgrond en bonsaigrond in een emmer door elkaar; voeg een beetje water toe zodat het aan elkaar kleeft. Vorm een bal van het mengsel, groot genoeg om er de wortels van de plant in te herbergen. Druk terwijl je dit doet wat vocht uit de grond.*

3. *Maak een gat in het midden van de modderbal en stop daar voorzichtig de in mos gewikkelde wortels van de plant in. Druk alles iets steviger aan als het uit elkaar valt, en zet de bal midden op het (omgekeerde) plaatmos.*

4. *Vouw het plaatmos naar boven om de bal en werk alle vouwen weg. Wikkel touw stevig om de bal om het mos vast te zetten. Zodra de bal voldoende omwikkeld is, leg je een knoop in het touw. Knoop drie extra stukjes touw om de kokedama zodat je hem op kunt hangen. Geef je kokedama ruwweg één keer in de week water door hem onder te dompelen in water of besproei hem met een plantenspuit, zodat het mos niet uitdroogt.*

Meer over Tiffany op curateanddisplay.co.uk

PLANTPORTRET

PALMEN

Voor de meesten van ons die leven in de gematigde zones van de wereld zijn palmbomen (Arecaceae of Palmae) dé belichaming van het exotische. In onze ogen zijn palmen verbonden met tropische stranden, droomreizen en ver weg gelegen paradijzen. De natuurlijke habitat van palmen ligt tussen 40° NB en 44° ZB, dat wil zeggen een grote zone van Zuid-Frankrijk tot de Chathameilanden.

^ Oosterse flair dankzij een palm, een bedrukte muurhanger en een gouden siervoorwerp voor extra bling.

> Heb je geen grote plantenpot, zet je palmboom dan gewoon in een decoratieve mand.

STYLINGTIP

Palmbomen zijn geweldige blikvangers in een huis vanwege hun formaat. Ze houden van grote, brede potten omdat hun wortels graag diep in de grond graven. Om de blootliggende grond in de pot aan het oog te onttrekken kun je een stuk stof (bijvoorbeeld een stof die past bij je kussens of bij het kleurenpalet van je interieur) om de rand van de pot wikkelen. Profiteer ook van de mooie schaduwen die palmen op de muur en vloer kunnen werpen als de zon tevoorschijn komt!

Op plekken waar palmen niet van nature voorkomen, worden ze vaak in 19e-eeuwse kassen gekweekt of in kantoren, winkelcentra en huizen gehouden, bijna altijd als miniversies van wie ze écht zijn. In de tropen en subtropen zijn palmbomen onderdeel van de natuurlijke vegetatie en daarmee onderdeel van het dagelijks leven. Sommige soorten palmen zijn van groot belang voor de lokale economieën van bepaalde landen en de overleving van de bewoners, omdat ze kostbare calorieën, vezels en bouwmaterialen leveren. De vestiging op de eilandengroepen in de Stille Oceaan was niet mogelijk geweest zonder het kokoswater uit kokosnoten. Alleen zó konden mensen overleven op de eilanden in het zuidelijke deel van de oceaan, waar ze geheel omringd werden door zout water. Drie tot zes onrijpe kokosnoten waren genoeg om in de dagelijkse vochtbehoefte van één persoon te voorzien bij tropische temperaturen.

Als je een palmboom zoekt die geschikt is voor het klimaat van je regio, kijk dan in het plaatselijke tuincentrum. Of probeer je eigen palmboom op te kweken met zaad van je vakantiebestemming in het Middellandse Zeegebied of van een tropisch eiland. Wees er wel op voorbereid dat het kweken van een palm veel geduld vergt.

Het is echter ook heel fascinerend en leerzaam om het groeiproces van je eigen babypalmboompje te kunnen volgen. De kleine wortels en blaadjes van een jonge palm zijn al heel sterk en laten goed zien hoe het mogelijk is dat palmbomen wel 30 meter hoog kunnen worden met slechts zulke slanke stammen.

v *Hoog reiken: de Kentiapalm in deze slaapkamer probeert zich uit te rekken naar het plafond. Jongere palmboompjes kun je op een kast zetten om snel een tropische uitstraling aan een kamer te geven.*

VERZORGINGSTIPS:

Plaats: volle zon (maar niet de hele dag!) of een lichte plek. Een ideale plaats is vlak bij een raam of in een kamer op het zuiden. In hun natuurlijke habitat worden kleinere planten beschermd tegen de zon door de hogere vegetatie, wat neerkomt op 2 tot 3 uur volle zon per dag.

Temperatuur: kamertemperatuur. Voorkom tocht. Sommige palmen voor buiten verdragen temperaturen tot -22 °C. Maar probeer binnenshuis de temperatuur op minimaal 13 °C te houden.

Water geven: de meeste palmen vragen veel water. Begiet ze royaal, maar zorg wel dat een teveel weg kan vloeien. Hoe koeler een kamer, hoe minder water de palm nodig heeft.

Voeding: lees het etiket van jouw specifieke palm. Meestal om de 14 dagen tijdens de groeiperiode. Geef geen voeding in de winter.

PLANTPORTRET

SANSEVIERIA

VROUWENTONG

Sansevieria, ook bekend als vrouwentong, is echt een van de allermakkelijkste kamerplanten. De vetplant slaat water op in zijn stevige, lange bladeren en is beslist onderhoudsarm: de plant is heel vergevingsgezind als je hem af en toe eens vergeet water te geven en gedijt zelfs in de donkere hoekjes van je huis. Maar meer licht resulteert wel in fellere kleuren en duidelijker bladpatronen, evenals in een snellere groei.

Sansevieria komt oorspronkelijk uit tropisch Afrika, hoewel enkele soorten ook in Azië voorkomen. Sansevieria wordt meestal 'vrouwentong' en ook wel 'slangenblad' genoemd, vanwege de vorm van de bladeren. De naam *Sansevieria* (en het vernederlandste 'sanseveria') komt echter van de prins van Sansevero, Raimondo di Sangro (1710-1771), een geniale maar ook duistere wetenschapper en plantenliefhebber uit Napels.

Sansevieria's hebben sterke wortels die zelfs een te kleine plantenpot kunnen breken. Vermijd dit door de plant op tijd te verpotten; als de wortelkluit echt te groot wordt, zie je de plant omhoogkomen in zijn pot of verschijnen er wortels aan de oppervlakte.

We onderscheiden twee soorten sansevieria's: de grote, speervormige planten, die je het vaakst ziet, en de kleinere dwergplanten, die in rozetten groeien. De meeste sansevieria's hebben mooi gespikkelde bladeren in diepe tinten groen, en sommige soorten, zoals *Sansevieria trifasciata* 'Laurentii', hebben opvallende gele of zilverwitte strepen langs de bladranden.

WIST JE DAT

vrouwentongen ideale planten zijn voor de slaapkamer? Ze absorberen kooldioxide en zetten dit om in verse zuurstof, die 's nachts wordt vrijgegeven. Zo ondersteunt deze plant een goede en gezonde slaap.

∧ Sansevieria *heeft een elegante look dankzij zijn lange, rechte bladeren. De plant zorgt voor een duidelijk lineair accent in elke styling.*

< *Dankzij zijn flexibiliteit qua lichtbehoefte kun je een* Sansevieria *zowel op een zonnige vensterbank als in een beschaduwd hoekje van je huis zetten.*

Raak de stekelige top van de bladeren liever niet aan: als die afbreekt, stopt het blad met groeien. En hoewel vrouwentongen tegen vrijwel elke lichtsituatie bestand zijn, houden ze er niet van om opeens van een donkere naar een lichte plek te verhuizen. Wil je je plant naar een plek met een andere lichtintensiteit verhuizen, doe dit dan geleidelijk, zodat de plant zich rustig kan aanpassen.

Sanseviera is een populaire kamerplant in huizen en bedrijven. In delen van Afrika heeft de plant echter een diepere, mystieke betekenis: hij wordt gebruikt als amulet om het kwaad of een betovering af te weren, en de bladeren worden ook toegepast in de vezelproductie. De bladeren hebben verder antiseptische kwaliteiten, die voor bandages bij de eerste hulp worden ingezet.

V De weelderige groene tinten van de planten accentueren het ruime en uitnodigende karakter van deze kamer in Arizona. De planten staan op drie plekken en zorgen zo voor identieke visuele accenten in de hele kamer.

VERZORGINGSTIPS:

Plaats: praktisch overal, van lichte tot beschaduwde plekken.

Temperatuur: warm, tussen de 18 en de 27 °C; nooit onder de 13 °C.

Water geven: spaarzaam. Sansevieria's gaan rotten bij te veel water. Ze kunnen beter tegen droogte; wacht bij twijfel met water geven.

Voeding: één keer in de maand tijdens de groeiperiode, verdund met 50%. De planten vinden het wel prettig als ze strak in de pot zitten, maar omdat hun wortels de pot kunnen breken, kun je toch beter niet al te lang wachten met verpotten.

STYLINGTIPS

SANSEVIERIA & PALMEN

Zowel sansevieria's als palmen zijn vrij grote, opwaarts groeiende planten. Maar terwijl palmen een instant tropisch gevoel geven, zorgen sansevieria's vooral voor een retro-uitstraling en ze passen goed in een groepje met andere kamerplanten. Palmen daarentegen zijn echte soloartiesten die graag de ruimte en vrijheid hebben om hun tropische palmbladeren volledig uit te kunnen rollen. Beide planten kun je in een wat grotere pot zetten, maar stem deze dan wel heel bewust af op de rest van je interieurstijl, want door hun formaat zullen ze zeker de aandacht trekken.

Palmen zijn zeer decoratieve kamerplanten: ze geven automatisch een tropisch tintje aan je huis. Inmiddels zijn meer dan 2500 soorten palmen, behorend tot 183 genera, bekend in de botanische wereld. De algemene soorten voor gebruik in huis zijn *Livistona*, *Phoenix* en *Trachycarpus*. Karakteristiek voor alle palmbomen zijn hun bladeren, die er in verschillende typen zijn: waaiervormig, veervormig en zelfs ongedeeld. De verschillende bladeren geven de palmen allemaal een ander aanzien – iets wat je mee moet nemen in je keuze als je een palm voor je huis zoekt.

WIST JE DAT

palmbomen in botanische zin geen bomen zijn? Hun stammen zijn niet van hout maar bestaan uit vezels, en dus zijn ze nauwer verwant aan mais dan aan eiken.

Een jonge Cycad (palmvaren) is een geweldige eyecatcher in deze woonkamer Maar hoewel hij eruitziet als een palm, behoort hij botanisch gezien niet tot de Palmae.

LEKKER TROPISCH: DEZE PALMEN VOOR EEN GEKLEURDE MUUR IN EEN WARME TINT ROEPEN SAMEN HET GEVOEL OP VAN EEN MINIVAKANTIE IN HET ZUIDEN.

^ Een tropisch gevoel, waar je ook kijkt: de palm voor de oranje muur roept herinneringen op aan een tropisch paradijs.

KLEINERE SANSEVIERIA'S KUN JE IN HANGPOTTEN ZETTEN: EEN GOEDE KEUZE ALS JE WEINIG RUIMTE HEBT, EN ALS JE TE WEINIG LICHT IN HUIS HEBT VOOR ANDERE PLANTEN.

˅ Sansevieria trifasciata *'Laurentii' met zijn geelgroene bladranden verrijkt elk plantenarrangement.*

< *De poster van Andy Warhol kijkt uit over een plantgang met twee kleine* Sansevieria*-bendeleden…*

v *Deze grote potloodplant wordt qua omvang alleen overtroffen door de grote, volle* Sansevieria.

STYLINGTIP

Sansevieria *is heel sculpturaal en heeft een opgaande, rechte groeiwijze. Solitair of in een groep met andere planten zal hij een verticaal accent aan je interieur toevoegen.*

WAT IS DE BESTE PLANT VOOR MIJN KLEINE APPARTEMENTJE? ER ZIJN ZOVEEL SOORTEN, IK WEET NIET WAAR IK MOET BEGINNEN!

PLANTEN THUIS

HOE CREËER JE JE EIGEN URBAN JUNGLE

HOE BEGIN IK?

Echt, bij ons allemaal gaat er weleens een plant dood. Sommige planten zijn al niet gezond bij aankoop. Ze kunnen last hebben gehad van te veel temperatuurschommelingen tussen de kwekerij, de winkel waar we de plant kochten en ons huis. Of we vergeten ze gewoon water te geven. Maar de belangrijkste doodsoorzaak bij planten is: te véél water geven.

Als we een nieuwe plant kopen, willen we in al ons enthousiasme goed voor ons nieuwe groene vriendje zorgen. We overladen hem met zorg en aandacht en geven hem elke dag een slokje water. Maar de meeste planten willen maar één of twee keer per week water – en sommige nog minder vaak. Juist onze goede bedoelingen kunnen uitlopen op een fatale fout, waardoor de nieuwe plant het loodje legt. Doe daarom de vingertest: als de bovenste grondlaag droog is, kun je de plant weer water geven.

WELKE PLANT MOET IK KIEZEN?

Om je eigen urban jungle tot een zo groot mogelijk succes te maken is het belangrijk dat je een plant kiest die je leuk vindt (of liever nog: geweldig vindt). Er zijn veel soorten, dus zul je altijd wel een plant kunnen vinden die voldoet aan jouw wensen op het gebied van bladkleur of -patroon, vorm of formaat. Het is ook belangrijk dat je een plant kiest die bij je leefstijl past. Als je veel reist en weinig thuis bent, kun je beter planten nemen die níét drie keer per week water hoeven of regelmatig voeding. Cactussen en vetplanten kunnen dan een goede keus zijn. Ook is het belangrijk dat je een plant kiest waar je voldoende plek – en de juiste plek – voor hebt. Hoeveel licht heb je in huis? Volle zon of niet? Hoeveel ruimte heb je? Hoe warm of koud is het? Neem al deze dingen mee in je overwegingen bij het kiezen van een plant.

Wij denken dat er niet zoiets bestaat als groene vingers. Iedereen die bereid is om een beetje TLV (tijd, liefde en zorg) te investeren in zijn nieuwe groene vriend(en), en die zijn huiswerk heeft gedaan, kan thuis een gezonde, weelderige jungle creëren. Laten we beginnen met het huiswerk: als je een nieuwe plant koopt, gooi het etiket dan niet weg. Bewaar het. Of maak er een foto van bij de plant als je het etiket erg lelijk vindt (dat vinden wij vaak ook) en bewaar die in je telefoon voor toekomstig gebruik. Je kunt de naam dan ook simpel googelen om extra verzorgingstips te zoeken op internet. Zoek verder de juiste plek voor je plant (op je vensterbak, wel/niet in de volle zon, op een donkere plek, tochtvrij, in een vochtige badkamer…) en geef de plant water volgens de instructies.

'MAAR IK VERGEET ALTIJD MIJN PLANTEN WATER TE GEVEN!'
Ons advies is simpel: stel op je smartphone een alarm in of markeer een bepaalde dag in je agenda of op je kalender. Kies je 'plantenverzorgingsdag' op een moment dat je ruim de tijd hebt en houd er rekening mee dat de veranderende seizoenen vaak een verandering in het ritme van de verzorging vereisen. Schommelingen in de hoeveelheid zonlicht of de temperatuur en zelfs tocht vanwege een open raam kunnen van invloed zijn op hoeveel water je plant nodig heeft. Je zult merken dat zodra je planten onderdeel van je routine en leefstijl zijn geworden, je ze vanzelf vaker gaat checken. Hoe staan ze erbij? Hangen de bladeren? Is hun kleur veranderd? Is de grond droog? Het is heerlijk om je planten het goed te zien doen als je goed voor ze zorgt. Misschien zullen ze je zelfs belonen met bloemen!

HANDIG BIJ WATER GEVEN:

Waterworks
Een natuurlijk watergeefsysteem dat bestaat uit een deels geglazuurde terracotta kegel en een glazen bol met een kurk erin.

Parrot Flower Power
Een apparaatje dat het waterniveau en de hoeveelheid zon en meststoffen meet en die informatie via Bluetooth doorgeeft aan je smartphone.

Elho Aqua Care
Een bolvormig plastic reservoir dat je planten vochtig houdt als je op vakantie gaat.

Aquasticks
Een water absorberend staafje voor kamerplanten in sierpotten met een waterreservoir (zoals orchideeënpotten).

MAKKELIJK **DIY-IDEE**

Zet een groot glas gevuld met water naast je plant en gebruik een nylon schoenveter als connectie: steek één kant in het glas water, en het andere eind in de grond naast de plant. Je plant zal geleidelijk en regelmatig water krijgen terwijl je weg bent.

MAKKELIJKE PLANTEN VOOR BEGINNERS

Als je de risico's beperkt wilt houden, begin dan met makkelijke planten! Hier laten we er een paar zien.

1. **LEPELPLANT** *(Spathiphyllum, links)*
2. *Epipremnum aureum*
3. **VROUWENTONG** *(Sansevieria)*
4. **GRASLELIE** *(Chlorophytum comosum)*
5. **ALOË VERA** *(Aloe barbadensis miller)*

URBAN JUNGLE BLOGGERS IN DIT BOEK

Speciale dank aan deze achttien internationale bloggers die foto's hebben geleverd voor dit boek. Vergeet niet hun blogs en Instagram feeds te checken - ze hebben zoveel talent!
Vielen Dank! Merci mille fois ! Dankjulliewel! Thank you so much! ¡Muchas gracias! Dziękuję bardzo! Hvala puno! Grazie mille! Mange tak!

Anette Laurim / *Duitsland*
LOOK! PIMP YOUR ROOM
Favoriete plant: ***Senecio rowleyanus***
'In plaats van reguliere bloempotten gebruik ik vaak grote vazen voor mijn planten.'
lookpimpyourroom.com
@lookpimpyouroom
foto's op blz. 29/30/41/42/161/165/169(3+5)

Anne Ji-Mi Herngaard / *Denemarken*
LITTLE GREEN FINGERS
Favoriete plant: ***Monstera deliciosa***
'Hoe meer hoe beter!'
littlegreenfingers.com
@littlegreenfingers
foto's op blz. 32/33/60/121/124/125/131/164

Antonia Schmitz / *Duitsland*
CRAFTIFAIR
Favoriete plant: ***Monstera Deliciosa***
'Ik gebruik koffiedik als een natuurlijke meststof voor al mijn planten - dat werkt geweldig.'
craftifair.com
@craftifair
foto's op blz. 44/62/86/87/98/101/153

Elena Gardin / *Spanje & Italië*
FACING NORTH WITH GRACIA
Favoriete plant: ***Tillandsia usneoides***
'Zet planten bij elkaar die bij eenzelfde ecosysteem gedijen - dit is handig bij de verzorging en creëert een sterker effect.'
facingnorthwithgracia.blogspot.com
@vidabarceloni
foto's op blz. 45/62

Elske Leenstra / *Nederland*
ELSKE
Favoriete plant: ***Tolmiea menziesii***
'Gebruik oude blikken als bloempotten, zoals ik zelf ook graag doe (zie blz. 169). Snel en makkelijk!'
elskeleenstra.nl
@elskeleenstra
foto op blz. 169(1)

Heather Young / *Groot-Brittannië*
GROWING SPACES
Favoriete plant: ***Pilea peperomioides***
'Geef je potten zelf een unieke look: ik verf gewone terracotta potten met een emulsie om ze beter bij de stijl van mijn huis te laten passen.'
growingspaces.net
@heatheryounguk
foto's op blz. 27/34/43/127/157

Ilaria Fatone / *Frankrijk & Italië*
UN DUE TRE ILARIA
Favoriete plant: ***Monstera deliciosa*** **en vetplanten**
'Zet je planten eens gesorteerd op formaat of type bij elkaar op dezelfde plek om een junglelook te creëren met een beperkt aantal planten (en, heel praktisch: zo zul je niet snel vergeten ze water te geven).'
unduetre-ilaria.com
@un23ilaria
foto op blz. 38

Janneke Luursema / *Nederland*
A WAY OF SEEING
Favoriete plant: ik vind ze allemaal leuk, maar hoe meer karakter, hoe beter!
'Ik zet mijn planten graag bij elkaar in vintage keramiek.'
luursema.nl
@still_______ (7x underscore)
foto's op blz. 2/25/61/98

Jocelyn Hefner / *VS & Duitsland*
THE INNER INTERIOR
Favoriete plant: ***Chlorophytum comosum***
'Als je een plek hebt gevonden waar een plant het goed doet, laat hem dan daar. probeer hem niet meer te verplaatsen: het zijn echte comfortwezens en ze houden van een harmonieuze, uitgebalanceerde omgeving.'
theinnerinterior.com
@jocelynhefner
foto's op blz. 31/63/65/90/99/158/169(4)

Kasia Nowakowska / *Polen*
PAPIEROWY WYMIAR
Favoriete kamerplant: cactussen & hoya's
'De meeste van mijn kamerplanten gedijen dankzij hydrocultuur. Het gebruik van water in plaats van aarde heeft zowel voor jou als je planten een aantal voordelen – het is veel gezonder en simpeler.'
papierowywymiar.blogspot.com
foto's op blz. 24/39/40

Line Stützer / *Denemarken*
Favoriete plant: *Calathea orbifolia*
'Denk groot! Wees niet te bang om grote planten op je tafel of dressoir te zetten. Onze grote groene vrienden weten wel raad met de spotlights.'
@linestutzer
foto's op blz. 69/93/94/100/126/130/163

Lisa Reck / *Duitsland*
IT'S PRETTY NICE
Favoriete plant: *Monstera deliciosa*
'Werk met verschillende hoogten met behulp van plantenkrukjes en hangmanden om elke ruimte optimaal te benutten.'
itsprettynice.com
@itsprettynice
foto op blz. 169(2)

Maren Teichert / *Duitsland*
MINZA WILL SOMMER
Favoriete plant: *Monstera deliciosa*
'Ik zet mijn planten graag in potten met dezelfde kleur en van hetzelfde materiaal voor een plantgang-look. Ik combineer ze vervolgens met kunst, designobjecten en boeken.'
minzawillsommer.blogspot.de
@minzawillsommer
foto's op blz. 71/130

Marlous Snijder / *Nederland*
OH MARIE!
Favoriete plant: *Anigozanthos*
'De meeste planten houden niet van kou of tocht. Ook niet van stof! Af en toe zet ik mijn planten letterlijk onder de douche, om het stof te verwijderen dat op hun bladeren zit.'
ohmarie.nl
@ohmariemag
foto op blz. 133

Mel Chesneau / *Nieuw-Zeeland & Zweden*
STYLED CANVAS
Favoriete plant: *Calathea orbifolia*
'Soms is de minst logische plek de perfecte plaats voor onze groene vriendjes, zoals boven op de koelkast!'
styledcanvas.com
@styledcanvas
foto's op blz. 30/43/44/92/94

Mina Stanojković / *Servië*
Favoriete plant: *Epipremnum aureum*
'Luister naar je planten, want zij hebben de wijsheid in pacht en klagen het minst. Zodra je ze geeft wat ze willen – een eigen pot, het zachtjes neuriën van je favoriete nummer of een verfrissende gietbeurt – zullen ze je belonen door weer gezond en wel op te veren. Met simpele handelingen als voeding geven bereik je een hoop.'
@nevolimruze
foto's op blz. 28/29/165

Souraya Hassan / *Nederland*
BINTI HOME
Favoriete kamaerplant: goudpaml
'Mix & match verschillende planten in terracotta potten voor een mediterrane look.'
bintihomeblog.com
@bintihome
foto's op blz. 37/70/90/153/162

Tiffany Grant-Riley / *Duitsland*
CURATE & DISPLAY
Favoriete plant: *Ficus elastica*
'Kies sculpturale statement-planten die groot zullen worden en het oog naar boven leiden – hoe hoger hoe beter!'
curateanddisplay.co.uk
@curatedisplay
foto's op blz. 71/88/89/150/151

Igor Josifovic / *Duitsland*
HAPPY INTERIOR BLOG
Favoriete plant: *Crassula ovata* & *Howea forsteriana* (Kentiapalm)
'Plan je plantenverzorging in de weekenden met wat lekkere muziek erbij. Water, licht, voedingsstoffen en goede vibes doen wonderen voor je planten!'
happyinteriorblog.com
@igorjosif
foto's op blz. 40/64/65/67/95/101/122/132/156/159 en 39/125/133/154 door Lina Skukauskė

Judith de Graaff / *Frankrijk*
JOELIX.COM
Favoriete plant: cactussen en palmen
'Neem in plaats van een koelkastmagneet of andere snuisterijen eens een klein plantje of wat zaad mee van je vakantie. Dit zijn geweldige souvenirs aan de reizen die je door de jaren heen maakt.'
joelix.com
@joelixjoelix
foto's op blz. 22/23/26/33/35/66/120/122/123/133/152/155/173

SHOPS VOOR PLANTENLIEFHEBBERS

NEDERLAND

Tuincentrum Ockenburgh
Loosduinse Hoofdstraat 875
2552 AH Den Haag
www.tuincentrumockenburgh.nl

STEK conceptstore
Weverstraat 41
1791 AB Den Burg (Texel)
stekconceptstore.nl

De Balkonie
Jan Evertsenstraat 90H
1056 EG Amsterdam
en
Javastraat 115
1094 HD Amsterdam
debalkonie.nl

Groene Vingers
Burgwal 23
2611 GE Delft
groenevingersdelft.nl

Oerwoud
Vughterstraat 84
5211GL Den Bosch
oerwouddenbosch.nl

Plantaardig
Zusterstraat 10
4331 KJ Middelburg
plantaardigmiddelburg.nl

Rood & Bloem
Springweg 14
3511 VP Utrecht
roodenbloem.nl

Stek de Stadstuinwinkel
Nieuwe Binnenweg 195b
3021 GA Rotterdam
stekrotterdam.nl

Wildernis
Bilderdijkstraat 165F
1053 KP Amsterdam
wildernisamsterdam.nl

DENEMARKEN

Kaktus København
Jægersborggade 35 / 2200 Kopenhagen
kaktuskbh.dk

DUITSLAND

Blumencafé
Schönhauser Allee 127a
10437 Berlijn
blumencafe-berlin.de

Goldregen Floraldesign
Lütticher Straße 49
50674 Keulen
goldregen-floraldesign.de

FRANKRIJK

Vert Mousse
1 Rue Saint-André / 59800 Lille

The Green Factory
17 Rue Lucien Sampaix / 75010 Parijs
greenfactory.fr

Les Succulents Cactus
111 Rue de Turenne / 75003 Parijs
lessucculentscactus.com

GROOT-BRITTANNIË

Botany
5 Chatsworth Road
Londen E5 0LH
botanyshop.co.uk

Conservatory Archives
493-495 Hackney Road
Londen E2 9ED
conservatoryarchives.co.uk

SPANJE

Espai Joliu
Carrer Badajoz 95
08005 Barcelona
espaijoliu.tumblr.com

Mama Petula / Parijs

Wildernis / Amsterdam

VS

Fern Shop Cincinnati
6040 Hamilton Ave
Cincinnati / OH 45224
fern-shop.com

Pistils Nursery
3811 North Mississippi
Avenue Suite 1
Portland / OR 97227
pistilsnursery.com

The Sill
84 Hester Street (Chinatown)
New York / NY 10002
thesill.com

Solabee Flowers & Botanicals
801 N Killingsworth St.
Portland / OR 97217
solabeeflowers.com

ONLINE NEDERLAND

Sprinklr - webshop voor duurzame en biologische (kamer)planten
www.sprinklr.co

ONLINE BELGIË

Hart en Ziel
www.hartenzielwonen.be/shop/

DANKWOORD

Dank aan Philippe voor zijn niet-aflatende steun, geduld en begrip, aan Judith voor haar gevoel voor design en haar creativiteit, aan Robert voor zijn steun en kookkunst, en aan alle andere mensen die van me houden, me steunen en in me geloven – zonder jullie was dit boek niet mogelijk geweest!

IGOR

Een enorme MERCI aan Robert voor zijn onconventionele liefde, geduld en steun, aan mijn dierbare familie voor hun enthousiasme en vertrouwen in mij, aan Simone voor haar kostbare adviezen en humor, aan mijn Mastermindvrienden (Anne, Catherine, Clotilde, Jane, Cécile) voor hun raad, aan Philippe voor zijn vriendelijkheid en geduld, en aan Igor voor zijn goede *vibes* en alle lol die we hebben gehad bij het maken van dit boek.

JUDITH

En heel veel dank aan Lina voor haar geweldige fotografie, aan Saar voor haar prachtige illustraties, aan alle bloggers voor hun bijdragen en groene ideeën, en aan alle huizenbezitters die ons in hun groene woningen verwelkomden. Last but not least, heel veel dank aan de Urban Jungle Bloggers voor hun eindeloze groene creativiteit.

Oorspronkelijke titel: *Urban Jungle*
Oorspronkelijk uitgegeven in Duitsland in 2016
door Verlag Georg D.W. Callwey GmbH & Co. KG, München
Projectleider: Simone Ehmann
Ontwerp en lay-out: Anna Schlecker
Fotografie: Lina Skukauskė
Illustraties: Saar Manche

Voor de Nederlandstalige uitgave:

Vertaling: Renate Hagenouw/Vitataal
Redactie en productie: Vitataal, Feerwerd
Opmaak: Studio Spade, Voorthuizen

Eerste druk, 2017
Tweede druk, 2018
Derde druk, 2018

ISBN 978 90 5956 771 9
NUR 420

DE AUTEURS

Igor Josifovic is een blogger, socialmedia-expert en plantenliefhebber die zich tussen München en Parijs beweegt. Hij deelt zijn liefde voor interieurdesign, reizen en leven met planten op zijn Happy Interior Blog en met de internationale plantencommunity Urban Jungle Bloggers, die hij samen met Judith de Graaff heeft opgericht.

Judith de Graaff is een blogger, grafisch ontwerper en plantenliefhebber en woont met haar man en drie katten in een voormalige fabriek net buiten Parijs. Zij deelt haar liefde voor kleur, design, reizen en leven met planten op haar blog JOELIX.com en met de internationale plantencommunity Urban Jungle Bloggers, die zij samen met Igor Josifovic heeft opgericht.

DE FOTOGRAAF

Lina Skukauskė is een Litouwse fotograaf die zich richt op thema's als gastvrijheid en lifestyle in haar onderwerpskeuze; vooral interieurs, voeding, reizen en mensen. Ze vertelt graag een beeldverhaal dat mensen inspireert en die levenskracht overbrengen op een esthetische manier. Meer over haar vind je op www.linaskukauske.com.